RISCONTRI POETICI

- 8 -

*con il contributo della*
*Regione Campania*

AA. VV.

# Per le vie del cuore
*poesie sulla vita e sull'amore*

a cura di Emilia Dente

TEREBINTO
EDIZIONI

Revisione del testo a cura di

**Lorena Caccamo**
*Facebook:* LoreCa Servizi Editoriali
*email*: loreservizieditoriali@gmail.com

# INDICE

L'autunno fiorisce nel cuore dei poeti. Germoglia la speranza dai semi inquieti della passione. I versi che si intrecciano nella silloge poetica del concorso "Riscontri Poetici" 2022 hanno il sapore dolce dei sogni e dei desideri e insieme il gusto amaro del disagio e del malessere. "Lacrime di salsedine in forma di poesia" è l'immagine significativa del poeta Giuliano Cimino che racconta nei versi il senso di disorientamento e afflizione che l'essere umano, la persona sensibile, il poeta, vive quotidianamente nell'attuale società, teatro di molteplici drammi e conflitti sul piano personale e globale.

Nel contesto di guerre, sciagure ambientali, declino di valori umani e sociali, l'individuo si sente solo e smarrito alla ricerca di stabili punti di riferimento che consentano la sopravvivenza e il benessere del corpo e dell'anima. Al crocevia delle disillusioni, nell'arido terreno delle crisi economiche e sociali, all'uomo, al poeta non resta che coltivare la forza di reagire e quindi esprimere il tormento e denunciare il malessere nei modi a lui congeniali, nei versi di lotta e di passione che la poesia cesella come scudo e come lancia. La poesia, quindi, come espressione del dissenso, la poesia come denuncia, come condanna, la poesia come assillo e come tormento, consapevole assunzione di responsabilità collettiva, monito estremo sull'orlo del cuore laddove il poeta resta baluardo di speranza e la poesia, come scrigno prezioso, custodisce l'umanità e i buoni sentimenti che possono salvare questo mondo alla deriva nella fede che alfine "sia un soffio di pace a innamorar le stelle" come augura, con un'immagine raffinata e potente, la poetessa Emilia Gusmeroli.

Non solo il disagio, la passione e l'impegno civile animano le pagine di questa silloge poetica che riunisce nell'anelito poetico tante anime e tante storie. "Si innalzano i flutti e dilagano/ in mille perle salate/ dissolte, leggere/ nell'aria di tempesta" come evoca la poetessa Antonella Celeste Buttelli in un'immagine potente e meravigliosa.

Tra le onde dei versi germoglia la riflessione profonda sull'io, sull'essere e sull'amore che smuove i cieli e tormenta i sensi. L'amore che graffia il corpo, nei suoi sensuali ardori, accarezza il cuore nei sogni e rivitalizza i giorni nel respiro tiepido dei ricordi. I versi danzano come foglie d'autunno colorate e sottili, armoniose nell'aria dolce e profonda e nutrono la terra feconda dei pensieri. Le immagini intense, evocative e forti delle liriche irradiano fasci di luce calda sul sentiero dei sentimenti mentre le rime, che alcuni autori prediligono, incorniciano, nella spirale delle sensazioni, idee e sentimenti che si rinnovano sui sentieri delle pagine.

Nell'aria dolce della stagione dei pensieri, intrecci di luce calda e sincera illuminano i passi dell'essere per le vie del cuore.

*Emilia Dente*

# PER LE VIE DEL CUORE
poesie sulla vita e sull'amore

# *Thymos*

*di Giuliano Cimino*

**Giuliano Cimino** nasce a Torino con sangue marchigia-no-siciliano-croato, aiuto cuoco e per urgenza autore di poesie e canzoni.

Ha pubblicato sedici libri di Poesia, l'ultimo *Epoptèia* edito da Apollo Edizioni, risultato di un concorso vinto nel 2021. Compare in più di trenta antologie poetiche tra il 2015 e il 2022, e recentemente ha partecipato alla rassegna annuale "La Città Sommersa" essendo tra i premiati. La silloge *Pathos, Logos, Epos* del 2021 ha ricevuto il Premio della Critica nel concorso "L'Italia che vorrei". *Parole di Natura Sonica*, 2020, e *Una Disperata Necessità*, 2021, edite da Crossing Poetry, sono arrivate nella top 100 della classifica dei libri di Poesia su Amazon.

*Una Disperata Necessità*

È un discorso rimasto appeso
È un discorso a metà
Distillato di fiori
Disagio e inadattabilità
A questo mondo

Non ho niente che non va
Ma nel mio sguardo
C'è
La guerra dei quarant'anni
La peste, le inquisizioni
La congiura dei pazzi
Ma il pazzo chi è
Se non, un altro me

Geniali dolori atroci
Tempeste nel dogma
Al capezzale dei dogi
Una libertà messa più in alto
Di quel che richiama la società
Dal suo monito vomitevole coito
Una libertà diversa
Dalla visione del mio arco
Che non è questa
Che non è questa

E non ho niente che non va
Ma nei miei occhi
C'è
La guerra dei trent'anni
La rivoluzione francese
Laiche inquisizioni senza pretese
Disperate necessità
Messe al muro da detonatori
Sacre ingenuità
E mille errati copioni

E mi tolgo gli occhiali da sole
Non mi servono
Per vedere il nulla
Vedo il nulla.

*Dipendenze e Invasioni*

Mi asciugo di ogni tua sfumatura
Nel calore simbiotico che
Nel valore semantico di un non-so-che
Mi asciugo di ogni mia sfavillante giocosa armatura

Diagnosticato a questa malattia
Diagnostica che non va più via
Diagnosticato a questa patologia
Diagnostica che non va più via

Sei l'inconfutabile che permane
Sei l'ineffabile che pervade
Sei l'irrefrenabile che rimane
Sei l'inesorabile che accade

Sei l'inafferrabile che mai decade
Sei l'irresistibile che invade
Tutto ciò che mi persuade
Tutto ciò che mi invade

*Nei Giorni Della Fioritura Dei Ciliegi*

Tra i petali che non durano
E cadono dopo poche albe di vita
Il "carpe diem" di cui mi nutro
È il senso di tutta questa abbagliante fatica

***Il Mio Sintomo***


La malinconia è
La condizione in cui abito da sempre
Come l'ossigeno per respirare
O le tue cosce da succhiare
Essenziale
Il sole per agosto
Solo un altro dei nostri posti in questo mondo

Nella condizione in cui abito da sempre
Calamità innaturali
Mi costringono a non difendermi, mentre
Sopraggiungono parole e sono i miei
Diluvi universali,
Gocce di mari
Fervidi trionfi luminosi, quasi accecanti
Sordide sconfitte, lacrimogeni in pianti

Esplosioni cobalto dall'alto
di nuovi sensori
Antiche comete sparse
in germogli di bagliori
Albe che sanno chi sei
Tramonti che non tradiscono mai

Perché anche quando
il mio sorriso si perde tra i tuoi morsi
Non riesco a distogliere questo senso
che sento e non teme ricorsi
Perché anche quando
i miei occhi hanno di fronte il mare
Mi accorgo che il mio senso
sta in questo movimento

Tra la malinconia ed il continuo andare.

*Legenda N.2*


Del rancore
Mai non disperdere
Tra gli argini incandescenti del mondo
Già caldo e obeso di disamore

Dell'amore
Mai non dissipare
Sono già alti nell'etere
– Come grattacieli del vuoto –
Gli animi pieni di scaffali d'odio

*Istruzioni Di Sopravvivenza*


Se il tormento persiste
Consultare un poeta

# *Favole rivisitate*

*di Simone Battistini*

*Simone Battistini*. L'autore non si descrive come uno scrittore, poeta o letterato, ma come paroliere. Infatti è proprio la sua grande passione per la musica che lo porta al componimento di versi, autoproducendo nell'ultima decade cinque raccolte di brani musicali propri. Nelle dieci poesie presentate si nota uno stile personalizzato, con l'influenza di diversi conosciuti cantautori passati, quali Francesco Guccini, Fabrizio De Andrè e Stefano Rosso; infatti i componimenti sono quasi tutti in rima alternata, con cadenza metrica e, soprattutto, raccontano storie, favole, fatti e sogni.

*Il treno delle viole*


C'è una ferrovia che passa non si sa
Ed un treno che raccoglie gente di ogni età
Ma un biglietto in questo treno non si compra non ha orari
Forse puoi trovarlo seguendo quei binari.

Per salire in questo treno bisogna anche capire
La salita è fatica bisogna anche soffrire
Per raggiungere il tuo sogno senza esitare
Stringi forte i denti e continua ad andare

Ed un giorno prenderò il treno delle viole
Con i suoi prati verdi ed in cielo sempre il sole
E non lo perderò il treno delle viole
Sento gente che ci viaggia cantar magiche parole

In questo strano treno non c'è poi tanta gente
Quella che reagisce e lotta nel presente
Quella che rimanda sempre tutto a domani
Resta in piedi senza il treno con le mani nelle mani

Puoi prenderlo anche tu e non voltarti indietro
Se riesci ad ascoltare quello che hai di dentro
Non perderlo perché va dritto fino al sole
Lo trovi nel tuo mondo il treno delle viole

Ed un giorno prenderò il treno delle viole
Con i suoi prati verdi ed in cielo sempre il sole
E non lo perderò il treno delle viole
Sento gente che ci viaggia cantar magiche parole

Ricordo tempo fa fermo alla stazione
Amica mia che avevi una prenotazione
Ed un fiore sorrideva nel vederla andare via
S'aprì tra sassi e pietre lungo quella ferrovia

# *Come cristalli di ghiaccio*

di Anna Maria Antonietta Sarra

***Anna Maria A. Sarra***. Nasce e vive da sempre a Teano in provincia di Caserta. Ha conseguito gli studi tecnici commerciali e si è laureata in Scienze Turistiche.
Ha iniziato a scrivere in giovanissima età, dando voce a un sentire semplice, scorrevole, un narrare – con i colori dell'anima – la vita e l'amore, attraverso immagini visive prese in prestito dalla realtà circostante. Amante dell'arte, dei viaggi, della musica classica, instancabile lettrice, dalla mente aperta e poliedrica, partecipa dal 2020 a eventi letterari nazionali e internazionali sia di poesia e racconti brevi che come membro di giuria. Numerose sono state le segnalazioni di merito e le premiazioni di un certo spessore poetico con pubblicazioni in antologie.

*La Siberia dei miei sentimenti*


Io vado e vengo
in questa mia vita,
la confusione è
la mia quiete che
rincorre furtivi
bislacchi pensieri.
La felicità è
perenne agonia
di cui mi hai fatto
dono, quando ti ho
incontrato avantieri.
Folle sentimento
che brucia la mente
rinnega ricordi
e, cieco s'assenta
in quel vortice che
gela il cuore
solinga dimora
ove aleggiano
fantasmi d'amore.
Freddo vento gela
l'umano sentire
urla, si dimena
e stanco annaspa

mentre cade sotto
il peso del tempo.
A mani tese
ti cerco, mi cerco
ma, la Siberia che
sovrasta il cielo
dei miei sentimenti
gela senza lasciar
alcuna traccia mia lieve.

*Vecchio bistrot*

… e così, sotto un grigio cielo, bianchi
cristalli di neve, impazziti danzano
al suono di un freddo vento che
gela solo a sentirne il sibilo;
con lo sguardo assente
fuori osservo da vetrate
appannate che rimandano
quell'incessante vita che
a me par scorrere lenta
eppur nel suo fluire
veloce passa…

… e, come ombra dei miei pensieri
sgrano biscotti dal dolce sapor
di miele, scrocchiare li sento
mentre il te bollente attende
fumante, è quella fragranza
che riflette il russo inverno
ammantato in gelida noia
silenzioso, tutto avvolge…

… e così, seduta al tavolino del vecchio
bistrot della *Kalinina*, mi lascio dal
freddo vento trasportare e guardo

non vedendo un viso sorridente
che mi fissa intensamente
parla, parla eppur non sento
tanto sono intenta a guardar
lo scorrere della gente.

"Lenta la neve scende
da questo cielo spento
di giorni ne son passati
da quando il sole più
non vi giace".

*Come cristalli di ghiaccio*

Silente la sera avanza
tra folate gelide di vento
grandi fiocchi di neve
danzano pigramente
tra lampioni piangenti,
luce fioca a illuminare
freddi marciapiedi
e, come zucchero filato,
morbidi s'adagiano
lungo le strade.

Persa nei miei pensieri
guardo senza vedere
gente frettolosa che
avanza in quel barlume
della sera e scompaiono
veloci nel trambusto
di grandi strade che diventano
sempre più rumorose
con l'avanzare delle ore.

Gente che si perde
in mormorii indistinti
e sorridenti ciarlano,

ignari del loro andare
invitano silenti a entrare
in quella caotica vita
per poi perdersi
con il loro divenire
lungo strade in cui
il buio sta per calare
e poi, tutto nuovamente
in un attimo appare
sospeso nel vuoto
proprio come…
i cristalli di ghiaccio
appesi ai lampioni.

## Movida

Rintocca la notte
su ombre diafane
le vedo fluire
come rarefatte creature
distratte vagano
fra vecchi lampioni
che fiochi illuminano
larghe strade vuote,
barcollano nel buio
abbracciate fra loro
sospirando alla luna
che osserva silente
effusioni che svaniscono
come taxi di notte
malferme per l'ora tarda
si lasciano andare
appoggiandosi ai lampioni
lungo la strada,
afono è il suono che
bisbiglia un "ti amo"
e senza attendere voce
si dileguano nell'oscurità
di una russa movida
che alticcia risuona
fra pause e frastuoni.

*Vecchia balalaika*


Corde pizzicate
da mani di fata
uno strimpellare
note dai suoni soavi
come nenie si perdono
nel freddo vento d'inverno.
Ne ascolto la voce
profondo respiro
che alita e muove la vita
lungo l'antica Via…
Spirito russo, tu *Katiusha*
vaghi come cristalli di neve
fra questi vecchi lampioni
in cerca di un amore
dal passo scandito nel vuoto
sagoma che balla da sola
aspettando chi sa non tornerà,
colbacco a coprirne la vista
occhi smarriti si perdono
in sogni senza sguardi
in un tempo sospeso, senza ritorno…


– Suona la vecchia *balalaika*
struggenti canzoni d'amore

parole incomprese, subito dimenticate
ma quel suono ancora staziona
come lo sguardo perso nel vuoto
nelle tante stanze del cuore
che atono rimembra ancora –.

*"Sneg"*

E va la notte bianca
tra meandri di gelo
ove di ghiaccio i cristalli
danzano in un valzer lento,
di coltre candida
ammantate son
le larghe strade
lieve si posa, piano
strati su strati;
fioca è la luce
dei vecchi lampioni
fatui illuminano il *"Kutuzovsky"*
confuse son le ombre che
vagano sole, e
come spiragli di freddo
evanescenti
le loro movenze sono.
Labili svaniscono
avvolte da neve
che a notte fonda
sempre più sola cade.

Gongola lo sguardo
come incantato

da questa danza
che abbraccia e stringe
l'inverno freddo,
sento la solitudine
bussare piano
a vetri che son
sempre più appannati,
sola sono in questo gelo
e la "sneg" che intorno
muta continua a cadere.

*E ti vengo a cercare*


Fiocchi di zucchero filato
a imbiancare le strade
scendono lenti
da un profondo cielo bianco
tutto avvolgono e ammantano
con il loro vello
candido, li vedo danzare
senza mai soffermarsi
a pensare.
Cristalli di luce riflessa
sfiorano i vetri della finestra
ne osservo
il movimento di una lenta cadenza
a volte si soffermano a sostare
ma poi, piano,
riprendono a volare, dentro
ci guardo, trapassando
lo sguardo
ed è lì, in un punto
d'infinito del mio io
tra la gente
ti vengo a cercare, pentendomi
d'averti un giorno incontrato.

Il vecchio orologio del "*Russia*"
batte le ore, c'è un cambio
di guardia al Mausoleo, passi
che scandiscono il tempo
sempre fermo a un preciso
momento… e ti vengo a cercare
tra la tanta gente che passa
passa senza vedermi, tra le strade
gelate di una città metropolitana.

**È *già di nuovo autunno***

È già di nuovo autunno
colori a dipingere fronde
nuance che arrivano all'anima
delicate filtrano
in stringate giornate
ombrose calano
su giorni vuoti
in un divenire senza fine e…
guardo oltre il muro del tempo
polveroso odore
di fuligginosa foschia
piano s'eleva oltre l'oblio
un vedere con lo sguardo del cuore
chi non è mai stato mio
nulla ravviso in questa pausa
che t'imbriglia in virgole di sentire
e ti guardo con occhi spenti
in un passato che era ieri
in un domami che
non ci sarà mai.

"Sento la voce del vento
vedo l'autunno
rincorrere l'inverno
ma tutto questo
sarà stato il mio tempo?"

*Lo scialle dalle lunghe frange*


– Quando tornerò
se dovessi mai tornare
fra le grandi strade trafficate
ove il caos fa
da musica per orchestrali
e le alte cupole dorate
riflettono quel sole
che sovente si nasconde
fra ombre scure che
spengono la luce d'un giorno
e mi guarderò distratta
intorno, come fosse
la mia prima volta

– quando sarò ebbra
d'aria e sole, camminerò
lungo questo fiume
ove argini di tempo
fluiscono silenziosi e
ghiacciati mi lasciano
leggera scivolare
su frammenti di pensieri
che corrono lontano
verso chi ho tanto amato

– quando in un attimo
di tempo, sarò altrove
via, da *Mosca* e
da questi luoghi in cui
spesso mi son persa
a rimembrare squarci
d'un passato che non potranno
più tornare e…
nel suo lungo inverno
mi han cullata in un
sogno malinconico
facendomi da
compagno itinerante
in quelle giornate
bianche e senza senso
solo allora dormirò
un ultimo sonno,
al risveglio sarò altrove
sarò ovunque
e più non rivedrò
questo tempo effimero
che mi ha avvolta come
scialle dalle lunghe frange

– quando tornerò
se dovessi mai tornare,
di sicuro più non troverò

questo mondo che cambia
nel suo girare intorno
a stagioni che mutano
come un qualunque giorno.

**Note:**

Tutti i testi fanno riferimento a un preciso periodo 1985/89, sono stati scritti a Mosca.

Contengono alcuni vocaboli non italiani, cercherò di dare una traduzione per agevolare la lettura:

- *Kalinina*: grande viale di Mosca che va dalla Piazza Arbat (cuore della città) fino al fiume Moscova;

- *Balalaica*: strumento musicale a corde, simile al mandolino;

- *Katiusha*: canto popolare Russo;

- *Sneg*: neve;

- *Kutuzovsky*: importante viale radiale di Mosca;

- *Russia*: Hotel situato in prossimità del Cremlino.

# *Apocalisse del meriggio*

*di Giorgia De Padova*

***Giorgia De Padova***. Classe 2000, nata e cresciuta nelle terre dolceamare della provincia, tra le polveri del dramma tarantino e le onde *frugiferenti* del Salento. Dopo il diploma di maturità classica al liceo Archita di Taranto si trasferisce a Bologna per studiare Filosofia, interessandosi in particolare al campo dell'estetica hegeliana. La scrittura l'accompagna sin da bambina: tra pagine di libri letti e racconti scritti, momenti dell'infanzia, dell'adolescenza e della transizione all'età adulta si imprimono in parole e spazi di componimenti informali che qui, per la prima volta, vedono la luce del sole.

*Febbraio salentino*


I passeri volano da un secolo all'altro
sull'immenso palco danzano le rondini
*– in contatto con ogni cosa –*
gialle ali in schiere
tra monti erbosi
di api e piccoli fiori

Freschi tra irti ulivi
e antiche fratte
mattinieri si destano
canuti ciliegi

E tutto è vita
*– anche la mia.*

*Vecchie polaroid*


Sopra la testa il dipinto incompiuto
– riflesso delle vie battute –
va sgretolandosi in un clinamen di volti percorsi
posandosi nel buio di profonde insenature
scoprendosi ogni tanto
provo a recuperarle,
a congiungere gli angoli,
a ricomporre il disegno ormai sbiadito
dei volti impressi
e chissà quale senso un tempo
e quale nel tempo
e quanti volti di nuovo incrocerò
quanti percorrerò di nuovi
e quanti abbandonerò volens nolens
negli angoli polverosi
alle soglie del sonno.

*Esistenza contemporanea*


In questa sempre più verace corsa
il mio andare è meno veloce
perdo terreno
il ritmo è sfasato
il mio fiato insufficiente:
certamente sono incapace
o molto più probabilmente
il premio non mi alletta.

***Apocalisse del meriggio (Maggio di pandemia)***


Prigioniera del cemento
correlativi aggettivi
a me non si danno
non nel rivo strozzato il gorgoglio
non della foglia riarsa l'accartocciarsi
non la assennatezza dell'innamorarsi
Un abbaiare distante
nel silenzio abbagliato
contro il bianco solitario
nel vuoto assordante
dell'indifferente statuario.

*Palingenesi estiva*


E all'improvviso potresti
riscoprire il piacere di piacere
e scoprirti scoperta
senza veli ma coperta
da liquidi composti
di corpi scomposti
tra ritmi sfalsati e sospiri persi
nel mio posto
liquefatta ma contenta.

*Chi sei?*


Chi sei quando sei sola?
Quando non ci sono occhi a definire i tuoi caratteri,
mani a tracciare i tuoi confini;
quando la luce non disegna la tua ombra,
né riflette il tuo ritratto;
quando non vi sono predicati a farti soggetto,
proprietà a sostanziarti,
sei?
A guisa di creazione personale
quale individuo storico, giammai sostanziale,
esisti
io artificiale.

*Pan*


Quando la tempesta si preannuncia
il letto appare l'unico porto
le pieghe cingono la mia estensione fetale
le ginocchia contro il petto sguainate
E lì piovo, piovo, piovo
Il mondo è immoto fuori la mia spelonca
dentro frenetica dinamica
il tempo è una grandezza scandita
dalla frequenza
dispnoica
sul battere dei denti.
L'unico desiderio è
sentirmi liquefare;
che un raggio di calore colpisca la mia pozza
e mi lasci evaporare.

***Non mi avevi mai baciata così***


Monsone sui miei zigomi
ti fai brezza nella mia chioma
scirocco sulla nuca
lungo la valle in cima alla collina
avanzi sulla mia spalla nuda
mi sfiori, mi percorri, ti imprimi
ti sedimenti nelle profondità della superficie cruda
Non mi avevi mai baciata così.
E non ti accorgi che siamo infinito nell'eternità
modo unico della medesima sostanza
E a posteriori concludo che
quei baci (e non l'amplesso)
seppur rari – e in quanto tali –
valgono tutti i tuoi silenzi.

# I sogni

*di Arianna Sofia Staderini*

***Arianna Sofia Staderini***. Durante l'infanzia ha studiato danza classica e moderna e in età adolescenziale si è poi appassionata al teatro e alla recitazione. Per anni ha preso lezioni di teatro individuali e, nel mentre, ho studiato sempre privatamente anche canto (sia pop che lirico).

Come altre passioni coltiva quelle della cucina, della fotografia, della scrittura e della lettura.

Il ruolo ideale che sogna di interpretare in un film è quello del villain, poiché reputa che ogni cattivo abbia, alla base della propria malvagità, delle ferite da riscattare. Per lei recitare è avere occasione di vivere altre vite, attingendo all'intensità della propria e dar così luogo alla moltitudine di sfaccettature coesistenti nell'animo umano.

Si può dire che venera la settima arte in ogni sua forma e declinazione; rappresenta la massima espressione culturale e identitaria del nostro mondo interno ed esterno.

*I sogni*

Alcuni sogni nascono già morti, infranti senza essersi prima rotti…
Ci somigliano fintanto che ci abitano dentro, intrappolati come feti nel grembo. Poi, li partoriamo e vengono alla luce male, vittime di assurde conseguenze, complicanze da medicinale, neanche un primo sguardo, un caldo vittorioso abbraccio; nessuna vita, gioia da celebrare, neanche il silenzio saprebbe se parlare, se osare interrompere il lutto del lamento, una magra consolazione chiamata imprevisto. I nostri sogni sanno come sparire, come fingere sgomento, negando il loro coinvolgimento; nessun accenno a tutte le illusioni, alle speranze, ai ritornelli delle canzoni, alle dediche sentite in sottofondo, immaginando applausi, messaggi di orgoglio perché i sogni si sa, che sono lesti e scivolano via dal letto se sentono che vuoi fissarli per iscritto. Loro rifuggono la memoria, temono la prigionia del tempo: esistono senza collocazione, abitano il mondo ma in nessuna nazione, loro popolano i mari ma regnano nei cieli, a volte così truci, altre così lieti che pensi di rincorrerli e di riuscire a prenderli, ma loro già lo sanno e cambiano le sorti.
Alcuni, sì, nascono morti, abortiti come stelle che non meritano la notte e cadono di giorno, come polvere di ossa rotte e pure si dimenticano anche loro che ci siamo, ci lascian sul cuscino, dentro al pupazzo che stringevamo da bambino e mutano la forma senza cangiar sostanza…
ma la verità è che dei sogni – anche se infranti – io non ne avrò mai abbastanza.

# Un sorso di cielo

*di Rocco Adriano Viola*

**Rocco Adriano Viola**, nato a Policoro, Matera, nel luglio del 1973, attualmente residente a Roccanova (PZ), paese d'origine.

Ha vissuto in molti luoghi, respirando panorami che gli hanno accarezzato albe e tramonti, facendo da sfondo alla tela dei suoi pensieri. Unica costante, da sempre, la voglia di comunicare, la curiosità e la passione per la scrittura, che spesso lo aiuta ad esternare e a decifrare degli stati emotivi diversamente non comprensibili neanche a lui stesso.

*È un autodidatta ed ama definirsi* "poeta boscaiolo confuso tra tronchi e pensieri divelti".

Per circa vent'anni ha smesso di mettere i suoi pensieri su carta, fino a che, in un periodo particolarmente difficile della sua vita, ha sentito il bisogno di ricominciare. La sua "poesia ritrovata" gli ha salvato la vita dandogli la forza di ricominciare.

Ha partecipato con racconti, poesie e filastrocche, ad oltre cento antologie scaturite da vari concorsi e a quotidiani locali. Ha pubblicato sedici libri di poesie e sta attualmente collaborando con diversi artisti scrivendo brani musicali.

***L'ora del disio***

A chi poco vita diede
ancor meno la morte tolse
E chi molti fiori recise
pianse quelli che non colse

Chi visse da vile e codardo
sprecò tutte l'ore trascorse
Chi troppo alzò lo sguardo
la terra sotto ai piedi perse

Ma chi al pari dispese
il riso e le lacrime amare
Alternandosi tra l'aria
la terra finanche al mare

E poi umile il capo suo
con la cenere si cosparse
Rise quando con disio
sorella morte gli comparse.

### *Raccontami una favola*

In questa sera che il cuore
fa fin troppo rumore
Tu raccontami una storia
per farmi addormentare

E poi tienimi stretto
e poi restami vicino
Accarezza i miei capelli
col tuo petto per cuscino

Questa sera che il vento
mi urla troppo forte
Sbattendo sulle vetrate
delle mie giornate storte

Questa sera che il buio
mi lacera il costato
Che in silenzio ancora ingoia
il pianto che ha versato

Con il vento che sbatte forte
e spazza quel che ho piantato
Come stanche foglie morte
rassegnate di sopra al selciato

Tu inventati una favola
da potermi raccontare
Portami su una nuvola
dove io possa sognare

Di arcobaleni liberi
e nuovi fiori fragili
E sul palmo della mano
il volo di un gabbiano

In questa sera che il cuore
non la smette di tremare
Tu raccontami una storia
per farmi addormentare

In questa notte che il cuore
non la smette di tremare
Tu inventami una storia
e poi… insegnami a sperare

*Oltre il tempo*

Sarò il tuo vestito per tutte le stagioni
sarò l'ombrello per i tuoi acquazzoni
Sarò brezza per i tuoi sogni e aquiloni
sarò fiore nel tuo terreno di emozioni

Io sarò acqua fresca per dissetarti
poi sarò il pane caldo per saziarti
Diventerò silenzio per ascoltarti
e sarò baccano per non annoiarti

Sarò me stesso come in passato fui
resterò lo stesso, una parte di noi
Sarò il tuo sole anche quando c'è la neve
quando il tuo passo si farà stanco e greve

Quando l'argento imbiancherà la tua chioma
quando il vento farà tremare il tuo idioma
Quando le rughe solcheranno il tuo viso
quando il tutto sarà sfocato ed impreciso

Dividerò con te la mia vita, i miei occhiali
intreccerò per te le mie confuse vocali
Facendo ghirlande con i tuoi capelli bianchi
saranno fissi su te i miei occhi stanchi

Sommerò ai miei i tuoi anni
dividerò con te sospiri ed affanni
Ti carezzerò ricordi e pensieri
ti ricorderò quel che fummo ieri

Ma soprattutto terrò le tue mani
come quest'oggi anche nei domani
Come il mio dono più importante
come variante e tu l'unica costante

E quando poi l'estate si farà distante
quando il freddo diventerà penetrante
Tu ricorderai di un fuoco mai spento
e danzeremo abbracciati l'ultimo lento

Chiudendoci piano gli occhi
per continuare ancora a sognarci
Ringraziando per il tempo
che abbiamo avuto per amarci.

*Vento contro*


Preparati un discorso
poi buttalo via ed urla d'istinto
Perché il cuore muore
ogni volta che la mente ha vinto

Versati un bicchiere
ma poi bevi dalla bottiglia
Non razionare l'aria
se hai voglia di meraviglia

Pregando spera sempre
di non aver completa assoluzione
Per non gettare ombre
sul sole di ogni tua intenzione

Stona e fai il matto
e poi rimani senza parlare
Fai come un gatto
che non si può controllare

Non si vive nel banale
di un esistere scontato
Ma dentro l'irrazionale
di ogni attimo scandito

Perché le cose più importanti
non si possono certo contare
Non senti un fiore coi guanti
i respiri ed i battiti del cuore

Quando il vento è contro
tu mostragli la tua schiena
Ed invece dello scontro
che si trasformerà in catena

Avrai una marcia in più
per imparare ancora a volare
Perché quando sarai su
nessun vento ti potrà sfiorare

Quindi preparati un discorso
poi buttalo via ed urla d'istinto
Perché l'anima rifiorisce
quando la mente non ha vinto.

*Un sorso di cielo*


Salgo sopra alla mia nuvoletta
per prendere un bicchiere di cielo
È troppo nuvoloso dentro casa
sui vetri appannati è sceso un velo

Troppi i finti fiori di morbida ovatta
sopra al mio viso dal naso arrossato
Io li stringevo forte fra le mie mani
con il cuore freddo come un gelato

Ma adesso berrò la mia tazza d'infinito
spargendone poi il resto all'orizzonte
Fino a liberare ogni diluvio trattenuto
e vederlo fuggire via sotto a un ponte

E sono vento adesso le mie emozioni
ed ora si fanno nuvole anche i pensieri
Fino a volare via come note di canzoni
nei miei cieli liberi e non più prigionieri.

*Rinascita*

Con la forza di un fiore
vedrai bucherò l'asfalto
Troverò una sua crepa
e mi volgerò verso l'alto

Con la fede di un chicco
scagliato lontano
Creerò un campo ricco
fatto tutto di grano

Con l'eterna costanza
di un giallo girasole
In qualsiasi circostanza
seguirò sempre il sole

Sarò quercia di bosco
metterò salde radici
La corteccia col tempo
cancellerà cicatrici

Sarò fragola e mora
sarò rosso melograno
E risorgerò ancora
senza più la tua mano

Come un'esile primula
annuncerò la primavera
Bucherò neve tremula
e colorerò ogni mia sera

Come un seme aperto
rialzerò la mia testa
Finché dal tuo deserto
inventerò una foresta.

*Petricore*


Non ti ho amata invano
non ho sprecato il cuore
Ho avuto battiti in mano
dalla consistenza di fiore

Ho avuto una magica primavera
con l'azzurro del cielo terso
Che accarezzando ogni mia sera
mi avvicinava all'universo

E poi i raggi dell'estate
sopra ai respiri ed il sudore
Tra la danza delle fate
ed i versi dei grilli in amore

Ma adesso che tu non ci sei
e che gli ieri sono lontani
Soltanto il sangue degli dei
rasserena le mie mani

Perché ora che l'autunno
già ci ha sfumato il fiato
Ed il respiro si confonde
tra le foglie sul selciato

Mentre il cielo disseta
gli stanchi rami spogliati
Dai ricami fatti di seta
di vecchi petali appassiti

Noi perduti già rimpiangiamo
di aver svuotato il cuore
Mentre solitari c'incamminiamo
tra il profumo di petricore[1].

---

[1] Il petricore è il profumo di pioggia sulla terra asciutta; viene dal greco πέτρᾱ pétrā "macigno, pietra", e ἰχώρ ichṓr, "icore, linfa (come sangue degli dei)".
Il profumo deriva da una essenza che trasuda da alcune piante durante periodi di siccità e che pertanto viene assorbita dall'argilla presente nel terreno e nelle rocce. In caso di pioggia, questo olio si diffonde nell'aria insieme con un altro composto, la geosmina, producendo il caratteristico odore.

*Inventa una bugia*


Amore, amore, amore
ormai perduto amore mio
Lo so hai il cuore libero
ma il mio non sa dirti addio

Ma questa sera tu
racconta una bugia
E vedrai ci crederò
per non farti andare via

Dimmi che le stelle
non cadono mai giù
Che fanno solo finta
ma poi ritornano su

Dimmi che questo mondo
quando dormo non c'è più
Quando muto mi confondo
in quel sognare che sei tu

Che per le rose è sempre maggio
e che la luna è di formaggio
Che di acqua gasata è ogni mare
e non si può mai naufragare

Inventati che la vita poi
in fondo sia un bel posto
Che l'amore ora è ovunque
solo si era un po' nascosto

E che ogni arcobaleno poi
è il pennello del Creato
Che dopo il temporale Dio
stende come del bucato

Che fate, elfi e gnomi
allegri mi danzano sul letto
Quando sono triste e solo
e sento un peso sopra al petto

Che il grigio è un'invenzione
ed il futuro è tra le dita
Che lo decidiamo noi tra i petali
di una bianca margherita

Questa sera per favore tu
inventa ancora una bugia
E vedrai ci crederò se serve
per non farti più andar via.

## *Il barbone*

C'era un anziano signore
seduto sul bordo della via
Con il suo volto emaciato
ed un cane per compagnia

Aveva gli occhi lucidi
che colavano emozioni
Sui mille sogni umidi
adagiati sopra i cartoni

Gli ho chiesto che aveva
cosa stava succedendo
Mentre lacrimando rideva
e mi sembrava contento

Lui mi ha risposto commosso
"Sai, quando qualcuno si siede
e senza che tu gli dia un osso
sta con te sopra al marciapiede

E poi ti chiede soltanto affetto
muovendo per te la sua coda stanca
E non gli importa il tuo aspetto
delle tue origini o del conto in banca

Allora tu comprendi
che ogni spina nasconde un fiore
E così non ti arrendi
perché la vita ha ancora amore".

*Vento dispettoso*


Stasera soffia e sbuffa
e sembra quasi rida
Dice l'amore è una truffa
poi in silenzio grida

Respira frettoloso
resistergli è una gran sfida
Soffia rancoroso
come un gambo senza spiga

E piega al suo volere
gli esili rami già spogliati
E poi soffoca il dolore
dei sogni ormai scaduti

E sulla pelle è gelo
sopra al cuore è ghiaccio
Mentre terra e cielo
spazza col suo abbraccio

Il suo fischio è forte stasera
sopra alle sagome contorte
E la sua spavalda sicumera
bussa con ira alle tue porte

Mentre al ritmo del suo tempo
le foglie danzano arrese
Tra la vita che come un lampo
dalle case fugge alle chiese

Ed il suo triste carnevale
che mette paura
Dice che ogni scherzo vale
se lo vuole la natura

Stasera soffia e sbuffa
ed in silenzio grida
Dice la vita è una truffa
e sembra quasi rida

# Sogni di luce

*di Selenia Filippi*

**Selenia Filippi**. Nata a Vicenza il 15 ottobre 1982 e residente a Rosà, si è laureata in Conservazione dei beni culturali e successivamente in Antropologia culturale alla Ca' Foscari di Venezia con buoni risultati.
Scrive per passione ed è una mamma, a tempo pieno, di due bambine: Sara e Lucia, rispettivamente di quattro e due anni.
Seconda classificata con la poesia *La felicità da coltivare* alla X edizione del premio letterario "San Giorgio e il drago, il libro e la rosa".
Appassionata alla lettura del Vangelo e dedita allo studio di altre religioni attraverso corsi online, seminari e cd vari.

*Il libro del cuore*

Luce, dolce bambina
fai della tua casa un cartone!
Ma non ha porte e finestre.
Come farai ad uscire?
Ricerchi la gioia ad ogni stagione!
Il vento è mutato
e la brezza primaverile
la tua dimora
in un angolo ha spazzato.
Tu, nell'umida terra
dentro uno specchio campagnolo
una moneta hai lanciato
scovata sul nero asfalto
in cui la serenità ricercavi.
È una misericordiosa offerta.
Per vedere sulla sponda
una perla comparire
e una campanella suonare.
Doni graditi e accettati.
Il tempo passa.
Entri, da donna
nella vecchia chiesa.
Rita è lì immobile.
Ti aspetta

È calda.
Come la fiamma
che hai acceso
speri nella grazia
della letizia d'amore.
Il suono della campana
batte in sincronia
con il tuo cuore
All'interno è disegnata la felicità
dentro un libro
che annota qual è la verità.
Se pian piano le pagine sfoglierai
un cammino sereno otterrai.

*Colori uniti: uguali e diversi.*


Una mano rossa
una mano gialla
una mano blu.
Composizione sociale,
doveri e diritti unificati.
Stringono ognuna una piuma,
che appartiene a te
che sei il custode.
Altri colori si sommano
formano un girotondo
di diversi talenti
dialoghi confusi
difficoltà espresse
perché l'uguaglianza è la regola
in questo cerchio
al cui centro
un sovrano c'è!
E a fianco a lui
le ali sorreggono le braccia
le cui mani coese
denominate con molti nomi
girano come un sole
una giostra
in mezzo c'è la luce
che difende l'uguaglianza della diversità.

Si aggrappano all'amore.
Angelo combatti
per proteggere i cuori
inclinati verso le tentazioni
con la speranza
della loro mutabilità
per essere collaboranti
alla solidarietà
dei distinti colori
che mescolati nella pace
formano un solo colore.

*La speranza è il verde*

Marienne,
percepisci la natura
amandola nella sua unicità.
Con scrupolosità
accumuli la carta scritta
che tu adirato negligente
quel dì di dicembre
non cestinasti,
ma nel suolo gettasti
agendo ingiustamente
e violentemente.
Facesti la carta a pezzi
calpestando
i pensieri e le parole
di Madre Natura,
potenza generatrice
che per la festa di Natale
giovane Marienne
immagini di salvare
oltre che guarire.
È il tuo più intimo segreto.
Come l'umanità
in profondità,
nel tempo
ha generato lacerazioni

e divisioni
che Nostra Signora
solo comprende.
Con le nostre suppliche,
tutto si può cancellare
e augurare che dai pezzi
si plasmi l'unità.
Un'innocente colomba
bianca come la neve.
Sostiene nel becco
una moneta
che tu Marienne
lancerai nell'acqua sorgiva.
Otterrai un favore,
per la tua tutela.
In associazione si uniranno
equilibrati fonemi
raggruppati in un sentimento.
Affermano che
la speranza è il verde.

**Uno sguardo per il sorriso dell'amicizia**

Fiamma sceglie in quella via
il girotondo di cuori
tinti a festa.
Una campana suona
l'altra con sincronico movimento
la segue
e l'onda giunge a te
che in quel viale mi sorridi.
Uno sguardo per un sorriso.
Un sorriso per un dolce sussurro.
È cordiale il luogo
dove il sole scalda
nel tempo
i corpi e l'amicizia.
Fiamma
nell'oscuro vano
un fiore selvatico
vuoi scovare
per annaffiarlo nel tuo vaso.
Esprime una parte di te.
Al piccolo re
lo vuoi donare
che educa al bene e alla libertà.
Nella campagna
altre due campane suonano

un corpo saluta il sole.
Esso bianco
entra nel tuo cuore.
Il respiro, quello della moralità
una candela spegne
che tu conosciuto
al Piccolo Re
riaccenderai.
Tante candele
calore nei cuori produrranno
e tu Fiamma nel tempo
la tua mano
mi stringerai
e mia amica sarai.

*I sogni del cuore*

Nevica,
ogni fiocco
è un sogno da appagare
completa lo strato
di bianchi batuffoli
che nel suolo si è foggiato,
i desideri da soddisfare.
La pioggia sommata
con il vento
scioglie i pensieri beati
da accontentare,
e tu Fiamma
di notte
serri le palpebre
per contenere l'infinito cielo
con i suoi cristalli
e innestarli nel tuo cuore
ora che è quasi Natale.
Di domenica mattina,
suona la campana a festa
al tuo corpo sorridi
scalza cammini
sul tappeto erboso
scaldato dai fasci del sole.
Un raggio accede

alla porta del cuore
una lacrima lava
i tuoi occhi
che tu ancora chiudi.
Spontaneamente apri
il sentimento
e scopri l'effettivo bene.
Suono di festa.

# Sonetti d'amore e di vita

*di Melania Giardino*

**Melania Giardino** insegna materie letterarie in un liceo napoletano e scrive poesie nonché racconti per diletto. La sua produzione poetica consta prevalentemente di sonetti ed è ispirata alla tradizione italiana classica. Melania ha partecipato negli anni a diversi concorsi letterari, ricevendo numerosi attestati di merito e menzioni d'onore per i suoi scritti. Alcune delle sue poesie sono state pubblicate in raccolte miscellanee.

***Risplende il sol nella tua pura mano***

Una corazza di spugna ti cinge
Immobile sulla rena rovente
Ed un'amara dolcezza dipinge
L'animo tuo perso tra la gente.

Nascosto in quell'involucro si stinge
Il corpo che non sa sé seducente:
La vita osserva e negli spazi finge
Interminati e oscuri della mente.

Il sogno proibito che il mondo tace
Ti svelerò, ti condurrò lontano
Al mistero che nel profondo giace:

Risplende il sol nella tua pura mano,
L'onda del mare è gioia fugace,
Il volto tuo ha la sirena umano.

*Del perduto amore*


Mai saprò se amaro sapore tace,
O dolce, il frutto ch'afferrar non potei.
L'ardir mancò, d'averti fui incapace:
Se una ragione avessi a me mentirei.

Il pensiero di te urla e non dà pace,
Ospite fisso di tutti i sogni miei.
E anche se piacere al cuor finger piace,
Tormento è veder che ora sei con lei.

Benedetti siano la freccia e l'arco
E il dolore e il sangue e la pia ferita
Che il tempo sanar non seppe o non volle.

Non trovai scampo né cercai mai un varco:
Sol mi lasciai viver di questa vita,
Schiava sempre di te e d'amor folle.

*La morte di un figlio*

Alla mamma di Michele

Ho imparato a celare il mio pianto
Nel luccichio d'un finto sorriso,
A velar d'accesi colori il viso,
A intonar degna della vita il canto.

Dietro la maschera urla il cuore affranto
Quando muto l'inferno in paradiso
A nasconder quel ricordo improvviso
Che ha rimestato demone il rimpianto.

Né gioia vera mai più fu né luce:
I tuoi occhi cercai in mezzo alla gente
Per soffocare quel dolor che induce

Al gesto estremo e al buio e al vuoto e al niente!
Non c'è sollievo all'esistenza truce
Di chi, per viver, a se stesso mente.

***Il vecchio e il mare***


Un vecchio c'era una volta col vento
Tra i capelli, guardava il mare grosso
E un motivetto antico, lui, lento
Fischiettava in un cappotto rosso.

Nulla con sé aveva eppur contento
Era, pareva anzi quasi commosso
Dallo splendor del ciel color argento.
Allor mi avvicinai e chiesi io: "Posso?"

In silenzio sedetti accanto a lui:
Ogni pensiero tacque e ogni paura,
Di respirar sentii sol bisogno.

Con gli occhi suoi fu il mondo dolce sogno
E tra le braccia di Madre Natura
Persa, finalmente libera io fui.

*A mia madre*


Se m'accadrà un giorno di smarrire
La via, la tua luce a rischiarare
Troverò l'oscuro mio patire,
Come faro perenne al navigare.

Con me gioirai del mio gioire,
Paga di quel che t'ho saputo dare;
E, pure allor che mi vedrai fallire,
Compagna tu sarai del naufragare.

Innato amor che il cuore mio infiamma,
Dare senza cercar tu sola suoli,
Fuoco che sempre arde fiero e fecondo.

Di Dio vicaria in questo mondo,
Certezza sei per i tuoi figlioli,
Immortale mortal dal nome "mamma".

### *C'è sempre tempo per ricominciare*

*Perfer et obdura:*
*dolor hic tibi proderit olim*
(Ovidio)

C'è sempre tempo per ricominciare:
La tela disfa e riscrivi la trama,
Sogna ad occhi aperti, canta vivi ama!
Se mai cadrai, rialzati e non mollare.

Non cedere, resisti, non crollare!
Ascolta quel che il tuo animo brama,
Rispondi alla voce che dentro chiama,
Sei tu la tua forza, il tuo sperare.

Per ogni lacrima nasca un sorriso,
Nel buio risplenda vivo un bagliore
Che ogni piega ti cancelli dal viso.

Non temer nulla finché batte il cuore,
Né un'arma né un colpo improvviso:
Dal letame spunta candido il fiore.

## *Sangue del sangue tuo*


La prima volta che di me sapesti
Un brivido t'attraversò il cuore.
Chissà se felicità o terrore
Fu il nome che nel pensier tu mi desti.

Solo quando il volto mio vedesti
Si fece spazio in te un diverso amore:
Tenerezza mischiavi e dolore
Nel vivere gli umori miei molesti.

Poi la guerra ebbe inizio con la mamma
Ed il nido si frantumò in fretta:
Io per te divenni solo un'arma.

La morte mia fu la tua vendetta,
Dell'ira feroce l'infame fiamma
Al sangue del sangue tuo diretta.

*A mio marito*


Ai colpi di vento montagna tu sei:
Saldo ripari e proteggi imponente,
Sordo sempre al via vai della gente.
Tu spalla forte contro gli umori miei.

Tu solo racchiudi quello che vorrei:
Amara bellezza e ghiaccio rovente,
Odore caldo di pane fragrante.
Tutto sulle tue labbra io amerei…

Da te il dono mio meraviglioso:
Due candide rose in un giardino
E la casta devozione di sposo.

Tu come raggio di sole al mattino,
Tu come pioggia di un tempo radioso,
Tu come sogno d'amore divino.

*Il treno dei desideri*

Il treno dei desideri conduce
A una città che profuma di mosto,
Deserta come Milano ad agosto,
Eppure viva di stelle e di luce.

Qui rivedo mia nonna che cuce:
È seduta al suo solito posto
E di nonno tiene in petto nascosto
Quel ritratto che a lacrimar l'induce.

Il treno dei desideri riporta
Alla saggezza antica che fu di ieri,
Alla parola riverente e accorta;

Ferma là, dove non contan gli averi,
Ma solo l'amore che il cuor conforta
E il perdonare e i sentimenti veri.

# *Il Viaggio della Vita*

*di Antonella Celeste Buttelli*

**Antonella Celeste Buttelli** si laurea all'Università di Firenze in Architettura. Per diletto suona il violoncello. Da sempre esprime con la penna ciò che risiede nel proprio animo, con un forte legame per le discipline olistiche. Concorsi letterari in ambito poetico-narrativo: 2018 vincitrice Concorso poetico a Camogli. 2019-2022 finalista con opere pubblicate al Concorso Città di Ravenna e Premio G. d'Annunzio. Nel 2020 Premio e pubblicazione Accademia dei Bronzi. Terza classificata con racconti: 2021 Premio TEC e Premio Inula, Premio Clepsamia e C. Letterario 3 Colori 2022. Menzione d'onore ad Amore in Poesia 2021. Pubblica con vari editori raccolte poetiche personali: *Controluce, Le nostre Religioni, Sogni e Sabbia.*

*Sole d'inverno*

Indossa il tuo abito più bello,
quello riposto per le occasioni speciali
quello lungo e impalpabile
come borotalco sulla pelle
e infinite gocce di brina a risanare le ferite,
cerca quella veste negli angoli remoti della nostalgia
poi svesti il tuo corpo del tempo passato,
per accarezzare questa nuova primavera.
Indossa il tuo sorriso più seducente e sincero,
quello che hai dimenticato sul suo viso
quello intenso e profumato
come petali di rosa sulla pelle
e infinite spine a incidere i tuoi tormenti,
cercalo e sfida gli increduli
poi assapora quella fragola, rossa di giovinezza
per ritrovare ogni tuo smarrito senso.
Indossa quell'abito bello,
a piedi nudi cammina sulla neve
sfiorando quel sottile cristallo d'acqua
baciato dal sole d'inverno, timido
e restio a sorgere, potente e fiero,
lentamente oltrepassa quel limite
lentamente prosegui il tuo cammino, inarrestabile
per ritrovarmi infine,
sulla riva.

## *Son desta e prego*

Desta, son desta comunque,
nonostante il buio sulle pareti.
Sono desta e prego
tra queste lenzuola,
ogni giorno
ogni momento rubato alle parole,
prego
per te, per me
per ogni respiro.
Prego e aspetto, scivolando
come la goccia che lentamente
scorre sul vetro
durante il temporale,
travolta
infine, da altre gocce
incapaci di fermarsi ad ascoltare
il rumore del vento,
dell'acqua e del fruscio delle foglie
del fragore delle onde
e del sussulto della bocca.
Ora geme la mia gola
in silenzio e al buio,
aspettando il destarsi dell'ultimo sole.

*Gocce salate nell'ultimo bacio*


Lentamente la goccia si fa strada
lambisce e scava, furtiva a volte,
come un soffio
temeraria, altre,
come lo schiaffo d'aria sull'onda.
Si innalzano i flutti e dilagano
in mille perle salate,
dissolte, leggere,
nell'aria di tempesta
e tutto il vicino e il lontano appare in divenire.
Lentamente la goccia accarezza
il volto scavato dal tempo, e dai ricordi
percorre quei rii e poi, infine,
sfiora le labbra.
Nell'ultimo bacio.

*Vieni da me*

Vieni da me, così come sono
con i malumori e i balli improvvisi
a piedi nudi, sulla strada bagnata.
Vieni da me, quando ho bisogno
di sentire che ancora esisto
e di cantare a squarciagola, senza tono.
Vieni da me, nel buio del temporale
a tenermi stretta per non tremare
sfiorandomi la nuca, come un padre.
Vieni da me, quando non ti cerco
e chiudo la porta a chiave,
tu entra dalla finestra socchiusa.
Vieni da me, quando ti lascio
e dico di non amarti, rovesciandoti addosso
bugie e tradimenti.
Vieni da me, dimmi che ho talento
anche se non sono nessuno, leggi con me
le poesie che mi escono dalla pelle.
Vieni da me, ogni giorno
ogni notte e in ogni sogno,
perché l'amore è questo.

*Il viaggio della vita*

Siamo nati nudi,
spogliati di ogni ricordo
siamo nati piangendo
per il dolore di quella luce accecante,
siamo nati affamati
assetati e tremanti,
nonostante i mesi d'oblio
e il fluttuare lieve e silenzioso
in quel tiepido viaggio
nel grembo di nostra madre,
siamo nati digiuni
privi di conoscenza e saperi
privi di vista e passo
abbandonati tra mani ignote,
eppure siamo nati
con la forza dei combattenti,
iniziando a consumare il tempo
di questo viaggio chiamato Vita.

# Terapia di futuro

*di Diana Reydych*

**Diana Reydych** è nata vecchia ma è diventata mamma in giovane età. Adesso corre verso l'infanzia, rimanendo comunque un po' anziana dentro. Ha sempre escluso che avrebbe scritto qualcosa che non fosse la recensione di una lettura da semplice appassionata o qualche ispirato stato su Facebook.

Questa è la prova che è una persona tranquilla ma capace di imprevedibili ed a volte sorprendenti colpi di matto (d'altronde da una che da piccola si arrampicava sui muretti dei balconi e sui davanzali delle finestre di casa sua al sesto piano, cosa ci si può aspettare… ah, giusto, nessuno lo sapeva!).

Ama le lingue straniere, la storia e l'arte ed ha una "leggera" dipendenza da sfide letterarie, gruppi di lettura ed acquisto compulsivo di libri (o prestito selvaggio in biblioteca).

*Prigione*


Calma
Importante, difficile
È una virtù da coltivare.
A volte è una prigione
da cui urlare.

*Coltello*

La rabbia consuma,
divampa, devasta.
Fa male.
E il dolore…
che si risveglia.
I ricordi lo fanno bruciare.
Il cuore sente tante fitte,
come coltelli affilati.
Poi passa.
Fino a quando?

*Terapia di futuro*


Venire al mondo
non è solo un travaglio,
è anche terapia,
poche ore
condensano anni.
Nessuna parcella,
ma premio infinito.
Dopo il male,
un nuovo avvenire è all'orizzonte.

*Speranza*


Il cielo grigio.
Quell'aria frizzante,
promessa di pioggia.
La voglia di vivere esplode.
Le possibilità sono tutte davanti a me.
È la vita.

*Infanzia*

Sorriso
innocenza
purezza
più di un capriccio.
Bambini,
amore e follia.
Creano cosmo,
sono un cosmo.

# *Mare in tempesta*

*di Maria Grazia Schiavone*

**Mariagrazia Schiavone**, all'età di 15 anni, esordisce con *Mare in tempesta* solo pochi mesi fa, una raccolta di poesie che parla di dolori, emozioni e sensazioni contrastanti di una semplice adolescente. Vive a Roccamonfina, Caserta, Campania. Frequenta il liceo scientifico delle scienze umane, nell'istituto Ugo Foscolo di Teano. È un suo testo ad accompagnare il video *Una storia come tante*, realizzato dalla sua classe in ricorrenza della Giornata contro la violenza sulle donne.

*Soffocando nel mio stesso mare*


"Mi sento così stupida,
a mostrare i miei sentimenti,
le mie paure,
senza alcuna barriera,
senza protezioni.
E puntualmente mi ritrovo qui,
a galleggiare,
nel mio mare di lacrime."

***Mare in tempesta***

"Mare in tempesta.
Così vedo la mia mente.
Un mare che è sempre stato di quelli limpidi, pacati, di
cui tutti si fidano.
E poi arriva quel fulmine,
spesso a ciel sereno,
e tutto cambia.
Si stravolge qualsiasi cosa.
Non sei più quello che credevi di essere.
Non sei più calma, né limpida.
Sei una tempesta.
Quelle tempeste che fanno scappare tutti,
quelle tempeste che durano giorni,
quando le onde si increspano e diventano sempre più
alte,
come a voler inghiottire qualsiasi cosa.
Aspettavo di veder calmare quelle onde,
che la sabbia tornasse a non volare ovunque,
ma alcune tempeste non passano,
impari a conviverci,
come le tempeste della mia mente."

*Quanto costa la bellezza?*

"Si guardava spesso allo specchio,

solo per darsi conferma di vedere un mostro.

Le altre erano perfette ai suoi occhi…

Fisico da favola, capelli lucidi, e sorriso mozzafiato.

E lei invece?

Lei era una piccola creatura,

esile, vulnerabile, quasi invisibile.

Sognava di vedersi bella un giorno,

lo desiderava così tanto,

guardarsi e amare ciò che vedeva.

Ma ogni mattina era un incubo,

copriva in fretta il suo corpo e le sue cicatrici.

Scappava dalla realtà.

Era diversa.

Non era bella.

Forse quando capì il contrario era troppo tardi."

*Quei maligni ricordi*

"E resta il dolore dei ricordi.
Quei ricordi,
che di tanto in tanto,
fanno capolino nella mia mente.
Le giornate insieme,
i nostri baci,
la tua mano unita alla mia che mi dava sicurezza.
Tutto ciò che sembra essere sparito,
ogni tanto torna nelle cellule del mio corpo.
Sorrido,
con la solita lacrima che mi riga il viso.
Stavo cancellando te,
i miei sentimenti,
ma i ricordi, quelli non potevo cancellarli.
Non ce l'avrei potuta fare.
Quei ricordi erano sempre lì,
e nei momenti peggiori arrivavano,
mi riempivano la testa,
e mi lasciavano un vuoto,
che dovevo sconfiggere da sola.
Sola.
Con le mie paure a tenermi compagnia."

*La mia docile morte*


"Mi divora,
mi mangia l'anima,
questa maledetta solitudine.
Mi stritola,
mi stringe,
questo indomabile vuoto.
Soffoco.
Mi sento soffocare…
Fino alla fine di me,
fino al mio ultimo respiro."

## *Il vetro più pregiato*

"Perché forse lo sbaglio era lei.

Fragile e delicata,

come il vetro più pregiato.

Bastava toccarla per mandarla a pezzi,

un dito, per mandarle a pezzi la mente.

E quei tagli sulle braccia non le facevano più male,

ma i tagli nell'anima sì.

Piena di pensieri, troppi, aveva quasi paura di scoppia-

re.

Rideva, nascondendo quasi perfettamente quell'alone

di insicurezza che la avvolgeva.

Stava male, tremava e piangeva.

Era fragile e delicata, e lui seppe come mandarla in

frantumi."

# Nell'universo delle cose perdute

di Paola De Lorenzo Ronca

**Paola de Lorenzo Ronca** vive e opera in Avellino. Arrivata alla poesia nella maturità, dopo un lungo percorso interiore, è vincitrice di numerosi premi di poesia nazionale e internazionale, classificandosi sempre ai primi posti. Nel 2009 ha pubblicato il suo primo libro di poesie *Profumo di terra e di sogni* con la Scuderi editrice. Nel 2019 ha pubblicato il terzo libro, sempre di poesie, *Prisma* con il Saggio edizioni. I libri sono stati premiati più volte. È inclusa in molte antologie e raccolte di poesie a carattere nazionale. È stata premiata in Argentina quale migliore poeta italiano. Recentemente è stata inserita nell'*Antologia della Letteratura Italiana* I e II volume della Helicon edizioni e nel *Dizionario critico della Nuova Letteratura Italiana*. Collabora per ricerche storiche con il mensile "Il Saggio" del Centro Culturale Studi Storici di Eboli (SA). Autodidatta in pittura, è vincitrice anche di premi d'arte.

## *Antigone, Aspasia… io… altre*

Si dirà un giorno
che fossi sola
una donna sola
per strada
in chiesa
o semplicemente a bere un caffè.

Si dirà che sotto la pioggia
camminassi piano
quasi a voler bagnare
un volto già bagnato,
o corressi incontro al vento
per sentirne la carezza
sulla pelle arida.

Non che io lo fossi sempre stata:
un tempo così lontano e nebbioso
la mia mano stretta ad un'altra,
un'altra traditrice
omicida
che triturava la mia anima
e poi la gettava via.

Antigone, Aspasia… io… altre
quante violenze e lagrime

quanto dolore
Dio
quanto dolore
per questa libertà
di vivere.

Si dirà un giorno
che fossi una donna sola,
ma non lo ero:
l'animo mio libero
mi faceva compagnia.

*In punta di piedi*


Cammino, nel sogno,
danzando in punta di piedi
Mi volto, mi fermo
e prendo ridendo la manina tua calda.

Ti lascio e scappo
correndo un po' via,
e nella scia mia fresca
rimane un profumo di fiori.

Ritorno leggera, bagnata
di fresca rugiada, di stille
di fiori, di scintille d'amore
e bacio la guancia tua rossa.

Ti lascio di nuovo
ritorno scontenta e
non so se portarti in
quel regno d'amore o lasciarti,
piccino, in questo mondo cattivo.

Mi volto, mi giro
ritorno e t'abbraccio e poi,
in punta di piedi, ti prendo
e ti porto sospeso nel vento,

nel mondo fantastico del mio
sogno sereno.

*La marmellata di fichi*

Nell'aria mite e solare
di pomeriggi già brevi
profumava l'ampia cucina
del rosso Casino
di zucchero e fichi.

Sugli accesi carboni
da un paiolo di rame
schizzavano spruzzi
odorosi e sulle bocche
voraci rimaneva quel
gusto così dolce e verace.

Sentivo il profumo
ballarmi dintorno
sul viso, sul labbro
e intorno alla stanza
e un riso giocondo
risuonava goloso
tra il fuoco e la tavola.

Correva la zia
nella grande cucina
tra il fuoco e i fichi già cotti
e nell'aria soffusa

di grano e di fieno
si spandeva un odore
inebriante di frutta e d'amore.

Il tempo non ha fermato
il ricordo, il profumo
che ancora risento,
l'abbraccio di zia
e quel sole così luminoso
di fine settembre
da scaldarmi per sempre la pelle.

*Nostalgia d'estate*

Chissà perché mi prende
d'estate, nell'aria foschiva
e solare di fine agosto,
quando i miei campi son
tappeti rasati di giallo
e la paglia è già pronta
a portare Maria

una nostalgia struggente
dei miei anni lontani.

Non so perché io senta,
tra i rumori del nulla,
il tintinnio del rame
abbagliato dal sole
e il mormorio quieto
tra le ceste ricolme di uova.

Un raggio di prima mattina
entrava furtivo tra le
persiane socchiuse e
mi baciava i capelli.

Sentivo il calore
sugli occhi ancor pieni di sonno,

e un profumo di caldo e
di amore scompigliarmi la pelle.

Mi piaceva quella mia
grande famiglia seduta
alla tavola imbandita,
dove la festa era allegria
e il pane sapeva d'amore.

Mi piaceva l'odore di buono
del grembo di nonna e di zia,
il canto del gallo in cucina
e l'uovo rubato, poi… correndo in cantina.

Non sapevo cosa fosse l'odio
e nemmeno il rancore tra le
stanze enormi dipinte di fiori.

Il mio mondo era questo, a cui
ancora ancorata mi sento,
tra salone e cucina e,
per scale e su scale
a correre e giocare.

Dove siete cugini di sangue
ma amici di fughe e scoperte, ladri per fame e bugiardi
innocenti?

E dove sono io?

Io sono qua
come nuvola in cielo vagante
tra passato e presente,
io che vi ho perduto per strada
e più non ritrovo,
io che vi porto nel cuore
e cerco inutilmente l'oblio.

*Tracce*
*(le vittime della Shoah)*


Camminano…
ombre lunghe e vaghe
un solo dolore
un solo nome
soltanto un numero
impresso a fuoco
sulla carne lacera
malnutrita.

Trascinano corpi
che non hanno volto
angeli biondi
anche se diverso
è il colore di pelle
idiomi strani
sussurrati al buio
in stanze lunghe
senza cielo.

Tracce umane
annullate dalla storia.

Vivono dentro di noi
in ogni persona

acquattati lì
in mezzo al cuore:
colpe nascoste
che il tempo incolora.

Ulula il vento
sulle ceneri sparse
implora un ricordo,
soltanto un ricordo
per non morire…
per non morire
ancora una volta.

# *Notturno indefinito*

*di Gianluigi Aceti*

***Gianluigi Aceti***. Dopo la maturità Classica, si iscrive al Politecnico di Milano, facoltà di Architettura, percorso interrotto per un cambio di paradigma esistenziale, quindi entra nell'ambito del Servizio sociale. Negli anni '80 sperimenta fumetto e grafica pubblicitaria; coltiva ininterrottamente il disegno a china, la pittura e studia calcografia; all'attivo quattro personali di grafica. La scrittura nel tempo si alimenta di studio, ponderazione ed entusiasmo; in particolare il componimento poetico diventa interesse prevalente negli ultimi anni con lusinghieri riconoscimenti. In elaborazione alcuni progetti, ciascuno centrato su di un tema specifico, nell'intento di approfondire percorsi di riflessione sugli intrecci, evidenti o celati, di cui si nutre la nostra vita.

*A chi*

A chi dedicherai i nuovi versi
nastri fluiti da pensieri torti
in volute d'aria silenziosa

ti sentivi denso allora
ed ora sei diverso
un che di amor barocco
è defluito esausto
ti ha attraversato
lasciando stampi vaghi
di nuvole ghiacciate
e ampi spazi di leggera
bruma in cui tutto
svanisce

pensieri si rincorrono
non più solo tu ora
l'Eterno si affaccia
impregnato di luce

richiami aurore giovanili
per cancellare e rinnovare
tempi consapevole che ciò
trasmuterà in abbaglio
ciò che senti tuo corpo

in sogno hai osservato
il pallore del tuo decesso
la fredda lontananza
che separa udivi voci
vaghe e conosciute
l'insuperabile silenzio
ti ha svelato i lontani mondi
degli umani.

*Creta*

Le crepe di un'argilla volubile
accarezzano pietre tenere
e dure bocce di basalto,
aspro confronto o morbido svanire
in questa terra misteriosa e tenace,
destino duttile
nel variegato mutarsi delle forme.
Ti ho compresa, Creta
prima che dalle mani
tu sei modellata da radici,
da piovose lacrime e ghiacciate rughe,
da ferine impronte,
da rapido strisciare
o pesante tonfo senza indugio,
da lame d'aria e sfioramenti di luce,
e così fai del bosco un artista,
dei campi profumati
esposizioni del tuo talento
e mentre ti osservo
il mio sentire si modella sul tuo sorriso
ed il tuo inarrestabile languore.
Ma dove il fuoco ti bacia
lì si fissa il tuo Fato,
l'ardore ti trascina in definitiva fissità
mentre il Tempo osserva sornione

l'illusione travestita da carezza
che ti ha data nuova forma.

*L'età dei cortili*

L'età dei cortili si misura
dalla luce degli sguardi
che ricordi ora mentre
la mente vaga

quegli anni non più tuoi
quelle ombre morbide
gli assonnati bagliori
i vagiti del bambino che sei stato
non esistono più
non ti appartengono
non ti devono riconoscenza
per loro sei come l'immobile
selciato l'ombra di un tiglio
un rinfrescante velo di discreta
pioggia

quanto ameresti persino
nuove lacrime pur di restare
come allora su quel balcone
la ringhiera brunita l'attenzione
di una madre avvinghiata
alle radici dei tuoi sguardi
memoria liana che avvolge qui
lontano da quel luogo

che ora fa rivivere
solo in un luminoso ricordo
la tua carne i tuoi nervi
il tuo sangue

attuale solo il respiro lui
non ha trascorsi nei vortici
d'aria non ha ricordi nelle
folate tiepide dei tramonti
o nella ghiacciata brezza
degli inverni non sei più tu
il tuo respiro da tempo
ti ha lasciato

ciò che ancora ti tiene
in vita è la proiezione
di un improvviso addio
nella dolcezza un lungo
saluto.

*Grilli*


Ci sono sempre canti di grilli
nelle notti tiepide in cui
non si pensa all'amore
quando il cuore è sgombro
e lo spirito più attento

qui dove io vivo tra le risaie
si odono anche cori di rane
che dilatano lo spazio dei campi
quello della mente e brigano
tra i ricordi e sfaldano la memoria
con emozioni oppressive
per la potenza che esercitano
sull'animo

trascinati ai bordi del cuore
dal persistente suono di notti
lontane ora gli errori si ripresentano
in saldo svalutati ma che forza
hanno esercitato su di te
che direzione decisiva ritenevi
quel districarsi tra opzioni
tra occasioni ricorrenti
e affetti già fiaccati
dalla prepotenza del loro apparire

quando ascolti i grilli cantare
vorresti chiudere gli occhi
nel miscelarsi dei ricordi
scegliere cosa tenere o gettare
poi lucidamente cerchi una ragione
oppure confuso ti smarrisci
ma forse è proprio di quelle malattie
così moderne così efficienti
dove scordi che esiste il tempo
e te stesso

svegliarsi un attimo prima
che accada o scordare
che è accaduto è singolare
che non potendo mai
rivivere il piacere tuttavia
si possa rivivere il dolore
quello non svanisce
resta conficcato come un palo
di dura quercia
al molo dell'esistenza

ci sono sempre canti di grilli
quando la dolcezza ti invade
la notte non accetta altri amori
sarebbero intrusi tra te e il cielo
e il dilagare delle stelle

ti pare di vagare
tra quei punti luminosi
per l'immensità che evocano
tra quegli spazi immensi
così profondamente bui
in cui la mente tua
si annulla e svanisce

*Lode dell'ebbrezza azzurra*


Dolce e silenziosa
la mano felice della notte
scivola e mi immerge
nel broccato d'oro dei sogni.
Incorruttibile sanguina ancora
il labbro della luna,
immensa vergine
nella stretta del cielo,
mi corrompe il suo desiderio
come un'ascia vorrei affondarmi
e seminare stelle sul suo seno.
Mi vestirò di fuoco dunque
è necessario che copra
l'universo intero di cenere
farò sabbia e calce della ragione
suggerò oro dalle fessure della terra,
dimenticando padre e madre
lascerò i fantasmi ai loro giochi
nella grazia dell'eternità.
Ora
ho intravisto nel suo specchio
il colore dell'abisso
felice
i miei occhi sono ancora umidi
la pelle graffiata, i polmoni densi

dell'ebbrezza azzurra degli alberi.
Chi di noi sa apprezzare
l'armonia della cenere?
L'inesauribile vive la sua fine
non è pazzia dunque?

## In fondo

In fondo lo so
non sarebbe che superficie
rinnovata scandagliarti il cuore
che ci troverò forse
un nuovo spettacolo
con famosi giornalisti
magari quei film americani
dove lui perde e lei vince
uno strepitoso amore
o preferiresti un efferato
omicidio purché travisato
da buon esempio
affinché più non accada

lo sappiamo
ti sei scordata che i grilli
non canteranno per sempre
il sottile filo dei loro cori
si dispenderà in fretta
nel tumultuoso campo
degli eventi

lo sappiamo hai preferito
ignorare con costanza
la mia predilezione

per i manti di galassie
magari attesi sugli spiazzi
in cima alle colline
frementi nell'attesa
ma che ci posso fare

in fondo lo so ormai
non solo in me
le scelte del Destino
dobbiamo accettare
l'Altro per la sua presenza
come si accetta un ignoto
Fato

*Notturno indefinito*


Avanza il nero manto
si stracciano le nubi
si eleva un carme antico

vago mosaico a tratti azzurro
si presenta all'orizzonte
vagano i nembi sfatti
nell'esausto cielo

concluso il ciclo discendente
dell'Astro inteso come causa
ora vorrei saper che fare
di questa intensa notte
di tale imponente abbaglio
e comunione di estesi sensi

ad indicare gli orizzonti incerti
è ciò che un uomo attento
giusto paragonò all'Infinito
questo immenso splendente cielo
questo tessuto di astri rifulgenti
come proprio sguardo proprio cuore
sede dell'assoluta Anima
e della mia.

*Pioggia*

Piove
come pioverebbe a New York o a Calcutta
quando i fili d'acqua scivolano
lenti sino a terra cieli disciolti
fluiscono miti e discreti
lo sguardo si perde tra catene
di gocce ipnotiche solidali
distese in veli di grigia luce
che sovrastando campi e case
dipingono sfondi morbidi
di luce soffusa

tenero il rimbalzo dell'acqua
sulla dura roccia sul secco
dei cementi liquido amicale
assorbito dalla porosità del cotto
che vira il colore rosato
in tonalità di sangue pallido
ravvivato dall'umida carezza
che ne rinnova l'intensità

piove ed io vorrei essere pioggia
ora come allora quando i campi
si estendevano più vasti
verdeggianti di fresca linfa

il tempo rimbalzava sull'aria umida
ed io mi sentivo liquido figlio
dell'estensione di uno stagno

piove ancora ed è la stessa
acqua che già mi bagnò
in un allora indefinito
ora mutatasi in nuove forme
come noi apparenti
immobili soggetti
determinati da un prevedibile corso
ci mutiamo nell'imprevedibile variare
che ovunque scivola come
questa acqua che si disperde
in rivoli disordinati
tra le strade del Tempo.

*Se*

Se io
divagando ipotizzassi
un percorso mentale lineare,
o un variare di sguardi dirimenti,
la pronta sospensione di giudizio
sul mio operato, sul tuo destino
o gli altri vari Fati,
che rimarrebbe del nostro trasognare vasto:
l'inadeguato senso di possesso
o i miei sogni abbandonati
tra i suadenti canti dei mandorli fioriti?
Se il chiaroscuro bordo del viale
ormai pareggia in ombra
le parole, i sussurrii, gli sguardi,
altro non resta che avviarsi altrove,
ai bordi miei del cuore,
nel senso dell'anima riposto
dove albeggiando non traspare luce,
così cerco quell'ombra come idea
su cui vale di più posare il capo,
osservando il trascorrere di nubi,
il lampeggiare muto delle stelle,
insinuatesi sul corso delle arterie
che il battito ne ritma lo splendore.
Ma quando marzo partorisce

notti ed albe e poi tramonti
invasi da ispirati soffi,
mentre sulle labbra esitanti
si posa polvere giunta da orizzonti
che posso solo immaginare,
definiti da vette che frenano lo sguardo
e intorno a me,
dentro di me lo risospingono,
io più non fuggo,
non c'è una via di scampo….
lì felice sosto ricercando il Senso
che giustifica la vita degli assenti,
la morte dei presenti,
la vera Luce.
Pura trascorre ora la ragione
la bestia è morta,
il sangue s'è rappreso
ed io trattengo il fiato
per solidarietà di condiviso Fato.
Ciò che io chiedo, in me resta celato,
dentro di me offuscato,
dal vasto prorompente desiderio
di vita che tramuta e ricompone
voler di carni e tratti di ragione.

*Unkovid*


Un telo che si lacera
un sudario che ti avvolge di silenzio
il Tempo ad un tratto muto
ecco è scomparsa una vita


il casco respiratorio prima sussultava
all'improvviso il suo rumoroso
respiro cessa
rimbomba un vuoto pneumatico
tra queste bianche mura


ora tutto tace non l'ho visto
i tubi delle flebo
lo tenevano avvinto a questa vita
cosa trasportano ora
forse il fiato della morte?
giacciono inerti, neutrali
proni alla medietà di un mezzo
che nulla sa dello Spirito di un Uomo


spegniti sguardo lacrima rientra
ammutolito osservo il mio piatto
distratto non comprendo
quel Mistero che avviene così
banalmente all'ora di cena

non vedrò più il suo sguardo
che per giorni ho notato affiorare
dietro la plastica sussultante
immagino l'affetto dei nipoti
che salutavano lieti un nonno
imbrigliato lontano in una macchina
costruita di cavi di speranza

ma Lei lo sa
la Morte agghindata
che è solo questione di tempo
poi ghermirà

così come il mare cattura
e scioglie le gocce di pioggia
ecco la nostra esistenza
si scioglie nel magma
delle vite consumate
privandoci di questo Io
che saldamente ci tiene
avvinghiati ad un sogno
che osiamo chiamare speranza

in lui ormai perso in questa
accogliente stanza d'ospedale
vedo e prevedo ed assisto all'esito
al nostro unanime destino

solo ora le mie parole
sanno frantumare il muro
di distaccato stupore
che ha accompagnato la sua fine
un mondo di cavi di tubi trasparenti
veli di plastica chiara a separare i vivi
di plastica scura ad isolare i morti
di quel nero profondo
che farà di noi un rifiuto speciale

in ciò intravedo l'arroganza
di un'amara verità
o forse il profondo abbaglio
di un estremo inganno

mi sei passata accanto
Morte Maestra della discrezione
ti ho individuata solo per l'assenza
il muto procedere dei tuoi musicali silenzi
hai sfiorato i miei fianchi sguarniti
ma da te solo una carezza
per farmi intuire
la tua proverbiale delicatezza
non il tuo sadico entusiasmo

è determinato il filo del Destino
solo uno si doveva spezzare
non il mio.

# *Stagioni di viaggio*

*di Marcello Mattioli*

**Marcello Mattioli**, consulente, ha iniziato a scrivere molto giovane, interessandosi a varie esperienze (testi per fumetti, teatro, sceneggiature, poesie, racconti, fotografia, testi per canzoni). Intorno al 2010 ha ripreso con più continuità l'esperienza poetica, dapprima partendo da haiku e altre liriche brevi (pubblicate in proprio nel 2015 insieme a qualche testo precedente col titolo *Ricordi per l'imperatore*), ma in seguito in maniera più consapevole. L'interesse per il ritmo ed il suono/senso delle parole si è infatti ricostituito ripartendo da questa sorta di purificazione e dalla passione per l'enigmistica.
Ha ottenuto il 2° posto al Premio Letterario Città di Montefiorino (2017). Recentemente ha vinto il 1° contest "Pennino d'oro" organizzato da "La Locomotiva – Quaderno di Poesia".

*Ai naufraghi*


Volano migranti
pensieri come sgomenti
per viaggi immensi
in cieli a quadretti
rigati di blu oltremare.

Anime animali
braccati dalla storia.
Truffati e perplessi
alla prim'alba imbarcati
incartati in sei colonne.

Restano dai podi
benpensanti a sciorinare
immemori litanie
d'odio i portatori,
viziati d'ignoranza.

Col rosso flutto giungerà
sole fresco per domani,
è un travaso di energie
stellari il vostro novello
periglioso approdo.

*Confini*


Cicatrici
sulla pelle della Terra
chiamo io
i confini fra nazioni.

Segni di corpo ferito
da antiche guerre,
così li chiamo io,
suture di paci istantanee,
suffragi di debolezza,
viltà di regnanti.

Sconfinato è dell'uomo
il fine estremo,
al di là l'infinito,
di qua la paura
dell'ignoto.

Consapevolezza:
dichiararsi fuggiasco
da ogni terra.

*Trapassati prossimi*


Brusio di genti in perenne attesa
di tormenti da infliggersi e di pene
da recare al serpente del suo sangue
stesso. Amore penitente di strida.

Attorno al letto sorge la contesa
del malato: i parenti già conviene
che straccino vesti mentre egli esangue
sparge al vento nere lacrime e grida.

Mestiere antico è lotta a regnare
nell'infimi spazi fra gioia e noia.
Così i sani in corsia duemila

volte almeno vengono a disputare
con scienza e sorte, dolore e gioia
per essere gli ultimi nella fila.

**Inverno (da "Le cinque stagioni")**

Ho in tasca
un biglietto
per l'inverno.

Un sentiero
di sassi neri
dall'ingresso
discende
ai cortili innevati
delle nostre disperazioni.

Lo percorro
senza voglia
di andare.

Cinematografi
fossilizzati
conservano statue di ghiaccio
paure di cristallo
infanzie modeste
di cui fummo spettatori.

Rami adunchi
di alberi inodori
devo ammucchiare.

Silenzio di buio
scende da colline
minacciose scure
dove vecchi parenti
aspettano perniciosi
come un debito di noia.

Qualcuno beve
mangia bestemmia
in fondo all'osteria.

Un buco enorme
in mezzo alla neve
dentro vi scorgo
una città mineraria.
Brulica di metalli
e di bimbi rattrappiti.

Il viaggio
fratelli
è finito.

Il viaggio
sta per
cominciare.

*Grigio*


Nei nostri catasti ingrigiti
ci lasciammo alle spalle
segni umidi sui muri;
macchie di amori sfiniti,
duri rancori.

Vivemmo fra vuoti rumori
lontani dai suoni di festa,
intonacati per dignità
i cuori, di tanto stornello
ben poco resta.

Così ti volli spiegare
il senso di questo bel niente
che alloggia senza pagare
l'affitto nel mio bilocale
stupidamente.

*Scemano le sere*


Scemano le sere solitarie, perdute
dietro a libri letti male e rime sbiadite;
delle fatiche il segno come di cadute
resta, colla tema che non siano servite.

Poi ritrovi il calore giallo di speranza,
un volto amico o il tuo amore fa ritorno,
o un'arcaica melodia ritinge la stanza
di letizia; e l'attimo saluta col suo corno.

*Dalla casa dei sei gatti*


Quelle notti in cui
– come in un villaggio
dalle lune giapponesi –
dormire sembra opzione
non obbligo, non destino,
miraggio odoroso di serra.

L'uccello frigola, la fabbrica
sembra a un metro dall'uscio
tanto prossima alla casa sbuffa
e tutto si tocca allungando
una mano nel vialetto
di ghiaia, e l'altra di striscio
attorno al comodino.

Solitudine di vetro fra il cielo
e la brunastra terra
qui nella campagna di ripiego.

Il mondo trattiene intero
– ma è un'altra truffa –
il respiro. Si fa grande
della sua esperienza
millenaria di paure inutili,

di pesi e di misure,
di futili giochi di guerra.

Ancora un rigo, un sorso
di vita – un etto di musica –
e poi al mio congedo
m'abbandono, e così sinfonia.

Con sospiro di formica.

*Memoria di Eolo*


In quest'ora il velo di polvere
che riveste i fiori e le altre cose
disappare a tratti, spazzato

da violento uragano; povere,
tremolanti, queste gialle rose
il cui noumeno si è mostrato

per un attimo. Presto più nulla;
la sapienza è un filo di grano
fra i capelli di un bambino sulla
spinta di un'altalena. È strano

se non la porta via tutta il vento
teso, matto e interminabile
che sfoglia libri senza un lamento
e poi si trastulla, invisibile

in capitoli messi da parte
coi personaggi della commedia;
granelli fummo, disposti ad arte,
fra le sabbie già morti d'inedia.

*Natalizio*

Tutto aroma di bergamotto
– e come stai e cosa si dice –
qui intorno, ma dall'armadio
dove riposa abitualmente
un vecchio parente omaggi
ci reca che poi nel cassetto
porremo scordati del tutto.

La strada è ingombra di inutilità
palazzi ammucchiati, lampadine,
zie, animali, bambini persino,
contro nuotiamo nemmeno al destino
che quello una vecchia predisse di già.

Offriamo regali ai poveri bimbi,
figli scordati di quei criminali
che senza stipendio sono restati
causa la crisi del mese festivo
periodo segnato da troppe bontà.

***Singin' in the rain***


La pioggia ballerina
sui vetri a ritmo indecifrabile
quasi dark e molto Gene Kelly
nel londinese *flat*
– la vita che vorrei
dalle parti di Regent's Park.
Ti ricordi cara? Stazioni
e librerie e vite intere
acquistabili a rate,
e credevamo nelle diete.

Incostanti devozioni,
un cestino di limoni
ti offrirei, amica di un istante
che un giorno svanirà
come goccia sul cristallo
ma un tempo era eternità.

# *Primavera*

di Agostina Spagnuolo

***Agostina Spagnuolo*** è nata e vive a Capriglia Irpina (AV). Laureata in Scienze Biologiche e specializzata in Microbiologia medica, si è dedicata all'insegnamento in scuole medie e superiori. Ha al suo attivo pubblicazioni nel campo della poesia, della narrativa e della ricerca storica e antropologica. Per la poesia ha pubblicato le sillogi: *Addor' 'e rose e 'e gisummini* (poesie in vernacolo caprigliese), Delta3 (2021); *Haiku per quattro stagioni*, EPC 2022. Per la ricerca storica: *Capriglia Irpina, appunti di storia dalle origini ai giorni nostri*, Per Versi (2014); *Guardia Lombardi tra Settecento e Ottocento, dal catasto onciario al catasto napoleonico*, Per Versi (2015); *Capriglia di Principato Ultra nel 1745, il catasto onciario*, Terebinto (2020); *Guardia nel 1742*, ABE (2020). L'autrice è presente, con racconti e poesie, in antologie legate a rassegne e a premi letterari ed ha riportato importanti riconoscimenti a livello nazionale, classificandosi spesso al primo posto nei concorsi.

*Le polmonarie*


Le riconosci dalle foglie,
le polmonarie.
Sono tutte maculate.
Non hanno ancora i fiori
a fine inverno.
Fioriranno presto
tra le ortiche,
coi loro colori variopinti.

*Api*


Di fiore in fiore
il volo delle api,
le corolle adatte alle ali.
La natura ha una logica
che sfugge a noi umani.

*La guerra*


Lo guardo dalla poltrona, l'orrore.
In diretta, crolli e spari.
Ci sono bambini dentro quella casa.
Ninna nanna, ninna oh,
questi bimbi a chi li do?
Ninna nanna, ninna oh!
A distanza,
quelle manine
sotto un cielo triste
stringo al cuore.

*Primavera*

C'è un segreto
nel silenzio del bosco –
boccioli nuovi

sono primule –
all'ombra della quercia
un ciuffo giallo

prato in fiore
dura poco il volo
delle farfalle

## La nonna

nel mio giardino
ricordo della nonna –
la centifolia

la sua coperta –
la conservo con cura
coi bei ricami

la nostra fame –
quel pezzo di formaggio
dentro al pane.

# Non badare a spese

di Veruska Vertuani

***Veruska Vertuani***. Nata a Velletri da sempre risiede ad Aprilia (Lt).
Dal 2010 partecipa a concorsi letterari nazionali e internazionali, ottenendo molti riconoscimenti e la pubblicazione gratuita di tre sillogi poetiche: *Frammenti di Crisalide, Ossa di Nuvole* e nel 2019 *Il tempo degli amuleti*.
A giugno 2015 è stata insignita della Medaglia della Presidenza del Consiglio dei Ministri al concorso letterario internazionale San Maurelio di Ferrara.
Nel 2018 si è aggiudicata il primo premio all'XI edizione del concorso Invito alla poesia con il componimento *Magazzino diciotto (le Foibe)* che è stato donato all'I.R.C.I. di Trieste.
Giurata in concorsi letterari, collabora con associazioni culturali nella creazione di eventi e reading poetici.
La sua pagina poetica su FB è Veruska Vertuani - poesie e aforismi.

*A occhi chiusi*


Prima che io apra la bocca
gli occhi nascondono screziature viola,
la fatica delle belle di notte
nell'attendere il buio per sbocciare,
la fissità dei mughetti capovolta dal primo vento,
che passa a sverginarli in mille campanelli.


Quando il piacere svoglia
guardami gli occhi, mi diventano cristallini
come il torrente dove cerco riposo


ma tu non voltarmi le spalle,
neppure quando vai via:
non poso mai la caccia
e hai vene calde
per la mia sete infreddolita.

*Erbavoglio*


Una foglia di eucalipto vibra sotto il fiato
le cicale ordiscono trame per confutare la favola
la canna al vento finisce l'inchiostro per scriverti in
cielo

e il brusio dell'estate
sparla [esagerando]
delle mie voglie.

*Finalmente nasco*


Raggiungo l'Olimpo, appartengo alle guerre tra gli dèi
quando mi inzuccheri le cosce
coi tuoi desideri di ambrosia, per poi passare
al tempio dove squarcio il velo
di ogni freno inibitore
e viaggio e crepo i bordi
mentre tu ti inzolli a me
che sono oscena di pensieri folti.

Il piacere mi strizza,
il cuore apre la bocca ai seni
Apollo e il Sole disegnano rotazioni d'oro

e finalmente nasco.

***Il cerchio di fiori***


Un cerchio di fiori
sul mio ventre, addolcisce l'ombelico


e fiori, agli angoli del bacino
sono il mio sorriso aperto,
oscillante ammiccamento.


Ancora un fiore, poggiato all'orecchio
svela la mia vera natura


la finestra sbatte,
il tuo petto resta.

*La leggenda del filo rosso*


Il buio prende la sua ora d'aria
ti entra nelle narici e amplifica lo sguardo

il vizio è uno spasmo,
l'attimo in cui il buio salta negli occhi
e addestra la mente alle ombre.

Tu agisci a luna spenta,
snodi sul mio viso
la tana delle mani.

Dal mento a Venere
passa una e una sola retta

da me a te
infiniti corpi
in amore.

*Le tempie ballano*


Adoro le ombre
che si fanno voce dalle tue labbra
e leccherei via gli argini
che ti impediscono di guardarmi
come vorrei essere toccata.
Capisci queste mie parole,
è tempo per le ortiche di arrossarmi le cosce
e le spine che sento a miriadi
quando accavallo la voglia
sono chiodi battuti nel sangue.

Le tempie ballano
l'orchestra tace
il buio ha il letto sfatto.

*Ladro*


Fermi con le braccia
la mia testa che ti bacia

gli occhi non bastano,
non basta il naso la bocca per baciarti,
serve ogni zolla di terra che mi fa il viso
un movimento tellurico, uno scasso al cuore.

Ladro.
Ma l'ergastolo lo vieni a scontare
dove non mi sposto.

*Non badare a spese*


Questa volta non ho badato a spese,
ho preso in affitto il mare e tutte le sue stanze
i lunghi corridoi che portano al respiro
le poltrone di sabbia scura
i pesci che a rimbalzo delle stelle
illuminano la cena
e le conchiglie per ripararti il petto
dalla curiosità del buio.
Senza scordare
di spolverare la cornice a vista gabbiani,
sono indecisa se lasciarla a giorno
come i tuoi occhi, quando ci entro
e cammino col vento.

*Sotto il cuscino*


Lasciami sotto il cuscino
le poesie che mi facevano fermare
al tuo sorriso carnoso

dopo aver inseguito i tuoi occhi di mogano, ti riposavo
sulle labbra
e ascoltavo i versi dei polsi legati
agli angoli del piacere, quando si macchiavano di vene
a forza di cercare la tua schiena.

Lasciami sotto il cuscino
le poesie che mi hanno carezzato i capelli
la passata notte

non ho altro indirizzo
dove farmi trovare,
mentre il caffè sale
e il mio cuore ti zucchera
questa ultima domenica.

*Una poesia oscena*


È una poesia oscena
di unghie corte sulla schiena
questo fiore di loto che profuma di lenzuola sfatte
e noi a galla, tremanti colli al cielo
chissà se sta piovendo l'alba
se la luna arrossa un ultimo respiro
prima che scenda la pace
con te a segno di croce
tra le mie piume di pece.

# *Abbracci di parole*

*di Emilia Gusmeroli*

**Emilia Gusmeroli** nasce a Morbegno (So) il 31/12/1965, porta il nome della nonna paterna, maestra di scuola primaria, dalla quale sostiene d'aver ereditato "il cromosoma del lettore".

La poesia, la lettura e le arti figurative sono da sempre care compagne, un sostegno nei momenti difficili; in tutti i lutti affrontati, e le difficoltà, arte e libri sono divenuti i suoi oggetti transizionali.

La sua ambizione è quella di poter offrire, a chi ne è alla ricerca, attimi di profonda introspezione con la speranza di riuscire a comunicare intenti di pace.

Ha ricevuto vari riconoscimenti con l'inserimento di raccolte e testi poetici in varie antologie.

In uscita una sua raccolta con testo in arabo a fronte, traduzione ed introduzione di Hafez Haidar, candidato Nobel per la pace e la letteratura.

*Venti di guerra*


Parole alla folla
al popolo.
Nel sibillino affaccio
un tremito di terrore.
L'attesa del discorso
alla nazione,
il fiato interrotto,
le palpebre chiuse
sul deprecato
déjà-vu.

*Auspicio di pace*


Sia un soffio di pace
a innamorar le stelle.
Siano i volti
ad osservare il cielo,
a scorgere le stelle
oltre la guerra.

*Fine tempesta*

I tuoni
a scuotere il vento
si sono spenti.
Dietro nuvole d'argento
s'affaccia un punto di luce
a schiarir la tua voce
che ora può
sussurrare
Amore.

***Il mio amare***


Azzurro
il mio Amare
rincorre
il richiamo
di vergini valichi
ricoperti
da cristalli di cielo
e, con essi,
solamente
stare.

*Battezzo poesie*

Battezzo poesie
presentandole
al mondo.

*Amorevole invidiare*

Invidio
la naturale immobilità
degli alberi,
amandosi col sole
partoriscono
benefico ossigeno
e vellutato polline:
mantello d'amore
per api libertine
a perpetuar la vita.
Invidio
il semplice essere
degli alberi:
senza pensieri
vivono,
amano,
donano
con serena
staticità.

*Un dolce ricordo*

Un arcobaleno
di dolci colori
il mio cielo
di bambina
con una caramella
nel sorriso di felicità.

# Gocce di vita

*di Gianluigi Redaelli*

***Gianluigi Redaelli***. È nato nel 1943 a Varese, dove era sfollata la sua famiglia d'origine milanese. Animato da un'incessante ricerca esistenziale *è* passato attraverso le più disparate esperienze e filosofie di vita, viaggiando da Nord a Sud per approdare infine in Sicilia, dove vive ormai da più di trent'anni.

Ama scrivere e partecipare ai concorsi, ne ha vinto qualcuno, spesso segnalato e presente in una trentina di antologie e vari siti web.

Ha un suo blog che non riesce a gestire come vorrebbe: www.gianrelli.blogspot.com

All'alba dei settant'anni ha rotto gli indugi auto-pubblicando due libri, uno di poesia e l'altro di racconti. Ora spera di trovare forza e convinzione per un romanzo.

**Blues nostrano**

Io non ti ho incontrato
uomo diverso
ma ti conosco per le parole
e le immagini che parlano di te
e conosco il tuo sorriso
così luminoso ed esplosivo
come il ritmo che ti muove…

Non ho visto i tuoi occhi
ma li posso indovinare leggendo le poesie
colme del tuo sguardo penetrante
acceso di rabbia e dignità…

Io non ho udito la tua voce
ma la sento cantare
nei blues e negli spiritual
che mi si sciolgono nelle vene…

Io non ho stretto le tue mani
ma ne avverto la forza pulita
che ti guida nell'antica lotta
contro razzismi d'ogni risma
celati dietro tristi dogmi
e puerili pretesti etnici…

No, non sei così lontano e diverso
uomo del profondo Sud
se le voci lievi e aspre dei tuoi profeti
– Martin Angela Nelson –
si fondono in un messaggio di lotta e pace
che arriva fin qui nel mio Sud.

*Sulla strada*

È molto ormai che sei partito
che hai lasciato la tua città
indietro lontano sullo sfondo dei tuoi passi,
quasi hai dimenticato perché…

Sulla strada con il freddo o con il sole
il tuo sonno appoggiato alla terra
senza orari senza mete senza rimpianti
esplori lo scrigno della notte…

Solo, nel vento gli occhi aguzzi
pronto a cogliere il passaggio,
l'attesa è lunga ma tu non hai fretta
fantastichi tranquillo sul ciglio
di un cammino che non conosci…

Spingi i tuoi piedi sudici senza destino
i tuoi passi che non sono attesi da alcuno
neppure da una donna,
ma tu le ami tutte quelle che incontri
che ti accolgono senza domande…

Tu sei bello e ricco di mistero
non cerchi e non aspetti niente
solo la strada ti appartiene

anche quando ignara diventa troppo crudele
e ti mangia la carne lentamente.

*Gocce di vita*

Spazi di esperienza
ricavati nella corteccia del mondo
viaggi per conoscere
regalati dalla convinzione e dall'impegno
io vivo con forza
con gioia, con entusiasmo
le altre nuove opportunità che mi offrono
e che tutti intorno
mi confermano con amore

le raccolgo con cura
le gusto con attenzione
perché vorrei assorbirle profondamente
trarne tutto il sugo
per poterne conservare qualche goccia
da dare a loro
agli altri compagni di viaggio
che esplorano la vita insieme a me

e poi quando finalmente
mi potrò fermare qualche istante
vorrei poter bere anch'io
dalla preziosa borraccia
qualcuna di quelle gocce.

## Lacrime di smog

Era un giorno come gli altri
mi han guidato i passi tornando dal lavoro
ma fu solo per caso…
uno squarcio nella nebbia
e i miei occhi implacabili
videro l'amore-vetro infrangersi
sbriciolarsi ridendo
nell'ombra di un portone…
non raccolsi le briciole
non piansi non urlai
soltanto corsi lontano
fuggii sperando di farlo…
fuggii attraverso sorrisi ignari
fra ali di vetrine addobbate a festa
in un osceno sfavillio di luci e colori…
nel freddo pungente natalizio
cercai di aprirmi un varco
nella barriera della disperazione…
intorno a me solo l'imprecazione dell'aria
e il clamore dei ricordi traditi
anche la neve era sporca…
poi finalmente la quiete
e il pianto per quel regalo di Natale…
piangevo smarrito ma senza più fuggire
e spiai per vedere se altri capivano

ma solo la città e il cielo
mi gridavano stupido e piangevano…
piangevano lacrime di smog.

*Nascita di un voyeur*

È come se esistesse
un sottile filo di nylon
che lega
con impalpabili spirali
tutto lo snodarsi
della vita di un uomo…
Attimi d'incertezza
e di calore
lunghi strascichi
di dolori amorfi,
tratti d'infelicità
e di odio,
sprazzi di paura
mesi di ricerca
anni di lotta
tutto annodato e legato
in un piccolo pacchetto
da portarsi appresso
con la tentazione continua
di scioglierlo e di curiosarci dentro…

E quando spavaldi
avremo vinto
ogni esitazione
tramutandoci

in voyeur di noi stessi.
Attenti! alle emozioni
troppo violente.

*Solo un'idea*


Una voce mesta e toccante
e poche semplici parole
che anch'io vorrei saper dire
mi trascinano
sulle onde di una musica sublime
fino a sfiorare
con gli occhi del sogno
una realtà paradossale…

Una realtà
che è rapimento di sensazioni
mulinanti come caroselli
intorno ad una grande idea:
l'idea che possa esserci Pace,
un giorno ovunque…

L'idea di una vita nuova
con amore e pane per tutti
senza il timore incombente
di sfruttare o di far soffrire…

E provarci sempre
a calpestare questo mondo
rispettando la natura
le idee, i diritti, i diversi…

Così quando sarà il momento
della conclusione inevitabile
la si potrà anche non temere
con la serena certezza
d'aver decentemente goduto
di questa vita
regalataci senza colpa.

# *Gli strascichi dell'innamoramento*

*di Claudia Amato*

***Claudia Amato*** nasce in inverno sul mare e per chi nasce in inverno, si sa, la luce è una perla da ammirare fuori e coltivare dentro.

Sin da piccola legge e scrive ma i suoi progetti sono troppo ambiziosi per la sua tenera età e per i mezzi che ha a disposizione e così accantona la scrittura come si lascia una cosa d'altri.

Eppure quello slancio è sempre lì, a bussare soprattutto nei momenti bui perché, forse, è proprio quella la sua luce. La voglia di scrivere cresce ma il tempo manca e l'occasione giusta pure. Fino al giorno in cui la poesia diventa l'unica corda da lanciare per un amore, ancora troppo tenero, che vive nel mare.

Ogni giorno una poesia, un gioco reciproco, questa è la promessa. La poesia va senza chiedere con la fierezza e la determinazione di una regina ed una guerriera allo stesso tempo. E così, l'amore è rimasto indietro mentre la poesia e la scrittura in generale hanno preso il sopravvento su tutto, colmando spazi e livellando tavoli che ballavano ancora troppo.

**#Wolly**


'Ti sta bene questo maglione'.


'Ha un buco'.


E così,
mostro il fianco scoperto
mentre erigo muri.

La vita
in stato catatonico
è la danza quotidiana
di chi è ormai certo
di aver assaporato
ciò che la vita
poteva offrirgli.

Il suo futuro,
ha i toni retrò.

Tutto è un riciclo:
di qualcosa
già visto,
già vissuto
già pianto,
già amato.

*#Loveteacher*

Mi hanno chiesto
di insegnare
a far l'amore.

Ma come si fa?

L'amore, io
lo faccio in piazza.

Quando assaporo il caffè,
quando sento l'asfalto
adattarsi al mio passo
o quando mi perdo
nell'indistinto vociare
dei passanti.

La mente mi urla
che il mio ricordo non è reale.

Ma allora,
da che fonte attingo le mie lacrime?

*#Morningglory*


Stamattina,
il mondo dai miei occhi
è un acquerello salato.

*#Rotten*


Come mi sento ora?
Come un seme nel mare.

*#Theirrecipe*

Ho perso il mio sale,
mi è scivolato dagli occhi
e ha inondato
il calice di vino.

Ed è evaporata l'acqua,
perché ero troppo distratta
per ricordarmi di bere.

Non ho più nemmeno zucchero,
né il peperoncino,
me li avranno sfilati
non so neppure quando.

Però mangio, bevo, respiro:
con tutti voi.

Ma fingo di gioire
di sapori che non sento più.

Tanto, che me ne faccio
dei miei sensi
in una società
che non mi lascia il tempo
di assaporare nulla?

Vivo nel mondo degli assaggi,
che ti illudono di esser sazio.

E chi ha fame,
chi urla per avere più tempo,
più profondità, più intimità,
è il vampiro:
condannato a cibarsi di verità
nel silenzio della notte.

*#Capitalistlove*

Ho inseguito l'amore,
quello che ti strappa la terra ed il cielo,
che ti inonda le giornate,
che crea una nuova via
e ti inebria la vista.

Ma quello è il capitalismo
dell'amore.

È il tutto e subito,
il bello o brutto,
il con me o senza me,
è senza un prima
ma solo un dopo.

Ma quant'è bello
rincorrere le bolle?

Ti ci aggrappi
e ti portano
di colpo in aria
ad una spanna
dalla tua realtà.

Ma le bolle scoppiano
e lo sappiamo,
ma luccicano
e le inseguiamo.

# *Ruggine*

di Caterina Cestari

***Caterina Cestari*** si interessa di scrittura e lettura fin da piccola, quando si divertiva a creare filastrocche e piccole poesie. Dopo un iniziale approccio alla lettura incentrata sui romanzi si avvicina alla poesia anche grazie al padre, amante di Neruda e García Lorca, vincendo inoltre un concorso di poesia e uno di *haiku* indetti dalla sua scuola media. Si diploma al liceo classico Augusto di Roma.
Dopo l'insorgere di un forte malessere psicologico, arte, musica, sport e pasticceria le regalano un sorriso, ma è la scrittura la sua vera valvola di sfogo.
La penna è il filo diretto che collega mente e cuore.
Per lei, la scrittura è la voce delle sue parti mute, un grido di forza che squarcia il silenzio del suo dolore.

*A mia madre*


Conchiglia madre-perlacea
In mezzo a distese di telline
Pepita preziosa tra le macerie
Ti vedo
Delicata farfalla,
ti posi delicatamente
sulle ceneri
di questo enorme incendio
che è la vita
Attenta giardiniera,
ti prendi cura dei più piccoli boccioli
e, premurosa, parli loro in una lingua tutta tua
Non ti danno noia le spine dei cactus
Il bruciore del sole
Tu vivi per gli altri
Ma riesci sempre a ritagliarti uno spazio per te
Per prendere aria
Perché amare
è faticoso
Accudire
è faticoso
E io ti vedo
Io
Ti vedo

*Bocciolo*

Scrivo per te
questi versi strazianti
queste parole che pungono come spilli
Scrivo per te
quest'amore così immaturo
così fragile ed effimero
Quanto vorrei donargli vita
fare linfa del mio sangue
che così volentieri lascerei correre
per dargli forza
per darti forza
Amore mio,
non ho il coraggio di dirtelo a voce
ma t'amo
Disgraziatamente, t'amo
E anche quando tutto sarà finito
rimarrai qui, in un angolino del mio cuore
e ti proteggerò
dai mali del mondo
Sarò io
il sole che fa capolino tra le nuvole

*Estate*

Le cicale
Rumoreggiano
Nei pomeriggi di luglio
Accompagnano nelle culle delle nenie
Qualche bimbo che sta ascoltando
Il sole brucia la pelle
Il sale brucia gli occhi
C'immergiamo nell'acqua ancora fredda
Sulla riva
Raccogliamo conchiglie e pezzi di vetro
Levigati dai flutti
La sabbia s'intrufola nelle pieghe dei nostri corpi
Leggeri, ci spogliamo nudi
E allegri della nostra emancipazione
Corriamo in mezzo alle onde.

### Vita nuova di una medusa

Sono come una medusa
Morta
Trasportata per oceani dalle onde,
Inerte.
Sono come una medusa
Spiaggiata
Ricoperta di sabbia
Che mi schiaccia,
che mi soffoca.

Mai più solcherò quei mari che sono stati la mia casa
Mai mi riunirò alla madre terra.
Anche se
Vessato
Dai continui insulti
Resto gobbo sui libri
Non alzo lo sguardo
Per paura che mi scoprano nuda
Ma mi duole la schiena e
Il cuore.
Allora
Vessato
Da insulsi insulti
Resto eretto
Sollevo gli occhi

E sorrido
Per la vita nuova che m'aspetta.

*Passeri*

Sì come due passeri
Beccano le briciole
Cadute a terra
Così
Noi due
Ci nutriamo
Delle parole
Lasciate cadere
Lievi.

*Temporale*

E il cielo impazza
E io
Muto
Mi lascio benedire dalla pioggia
Sacra,
salvifica.
Mi purifica l'animo e
Il cuore.
Benedetta cometa,
il manto scuro s'illumina di giorno
s'illumina di pazzia.
Folle, folle luce
Lampeggia nel mio più intimo spazio di cuore.
Il sole
Io in pace
Zuppo d'affetto
Fradicio d'amore.

## Quadretto primaverile

Una cornacchia
Gracchia
In un tumulto
Di singulti
E i bambini danzano
Scalzi
Pei praticelli fioriti.
S'odono i canti delle casalinghe indaffarate
E nell'aria si sprigiona vita nuova.

*Rievocazione di sé attraverso i quattro elementi*

Io sono un segno di fuoco
non c'è elemento che più mi terrorizzi
Forse dovrei dedurre qualcosa da questo
Il terrore di me stesso
Io distruttore, io focolare domestico, io tutto e poi nulla
Non sono mai riuscito a godermi i fuochi d'artificio
per paura di far saltare in aria
la gioia, la compagnia, le risa.

Terra è ciò da cui tutto si sviluppa
si prende cura dei germogli, dà sostegno ai giovani
gambi,
partorisce la meraviglia dei fiori e allatta i piccoli frutti.
Tante volte ho giocato a fare da mamma
ai semi più minuti
Troppe volte ne ho sofferto la morte
Con le mani immerse nel terriccio
piango l'aborto
di ogni fiore che non si è mai schiuso.

Da anni aspetto le notti di tempesta
per avere una voce che mi accompagni nel sonno
Il suo frusciare tra gli alberi stanchi
è il segreto svelato all'orecchio,
la foga violenta un litigio amaro,

la dolce brezza un bacio leggero.
L'aria per sempre mi solleva e mi sbatte contro gli sco-
gli
mi conduce sulle soffici nuvole
e mi strappa i piedi dal terreno.
Il vento amico.

Sin dalla nascita non ho conosciuto
culla migliore del tepore dell'acqua
L'unica che sa come toccarmi, accarezzarmi
Mi fa sentire leggero, finalmente privo di peso
L'unica dimensione che mi rende libero dai miei tor-
menti.

# *Ali di cera*

*di Francesco Lanari*

***Francesco Lanari*** (1996), si è laureato in Filologia Moderna all'Università degli Studi di Urbino "Carlo Bo" nel 2020 e insegna da due anni letteratura italiana all'Istituto Ireneo Aleandri (MC). Nel mentre ha conseguito un master di primo livello in "Insegnare italiano agli stranieri". Sta per pubblicare un saggio sul poeta pesarese Ercole Luigi Morselli presso la casa editrice Metauro Edizioni. Ha collaborato con il blog "Il Superuovo" e collabora tutt'ora con "Musicoff", dove cura una rubrica che tratta delle influenze letterarie in campo musicale. Ha scritto una recensione de *Il pianeta irritabile* di Volponi per la rivista "Inchiostro" e con la poesia *La fine di un amore* si è aggiudicato il secondo posto al concorso "Les Chaiers du Troskij Caffè". Ama alla follia il cinema horror.

*Acquerello*


L'amore è un acquerello
dai contorni sfumati,
è pioggia senza ombrello
che coglie impreparati.

Che confusione che esce
quando la carnicina tua sottana
al cerulo maglione si mesce;
per non parlar della collana,
grigia ormai, fusa con la barba
che sembri te sorgente del me
e viceversa:
come sonnacchiosa barca
che nell'infinito pelago s'annulla
e riversa.

Guarda. I santi sorrisi profusi
già in una sol bocca son confusi.
Ci siam scordati l'ombrello,
pazienza, siam più belli bagnati,
sciolti insieme nell'acquerello.

*Prima volta*


Ti ho studiata al buio di una stanza,
sfiorato le tue argentee forme nude;
come lettura s'accompagna con dito.
Flebile Astarte gemette dalla tua bocca,
soffiò al silenzio i biondi custodi delle tue labbra.
E fu amore e fu rapimento;
rimasto al chiaro di luna
esanime a contemplarti
fosti proiettile e io licantropo.

*Nascosto*

Ti conosco a memoria
i lineamenti del volto
il neo che sboccia, oasi della schiena,
son fantasmi che danzano in eterno.

Azzecco l'ordine al ristorante e un paio
di scarpe come regalo, e il colore.
Il sorriso che riservi per il perdono
E che al *font* preferisci gli sbaffi
del tuo corrispondente mancino.
Ho appreso. Dai, ti conosco:
è facile corrompere le sentinelle
d'un broncio in assedio: fiori servono non parole.
Mentre cadi nel sottovalutarti,
anticipo, risoluto, la tua vittoria.

Eppure c'è un qualcosa di te
in te che mi sfugge…
è ciò che mai saprò che m'innamora.

*Astronauta*

Tra le stelle mi perdo, mai!
M'hanno indicato la via:
son dispettose vanitose,
le rose del cielo gelose.

Ma tra queste ne splende
una bianca nell'infinito del giardino
notturno. Sei tu che sfuggi,
cometa, all'inebriato astronauta.

Inciampa tra gli astri, riposa
su una nebulosa, passeggia
sognante in equilibrio su Karman.
Canta Wagner cavalcando
una meteora, e la sera cena
nel posticino che dà sulla piazza
del Campo di Hubble.

Non ho la testa fra le nuvole
quando penso a te. Spingo ancora
ancora più su.

## *Pinocchio*


Pendono da labbra scarlatte i fili
dei burattini, smorfie annoiate causano
legnosi movimenti; più non prudono
i punti di sutura tormentati – anestesia
totale – di queste punicee crociere.

Ma se il movimento è spontaneo
punge il brachiale, si lagna il crociato
anteriore, e una fitta si espande
per il frontale, finché i pupi
ai loro marionettisti completamente
e devotamente non sono inchinati.

Se in grado fossero d'arrampicar il nylon
non per collera ma per rubare
un bacio salirebbero al puparo,
come l'uom oltrepassasse le nubi
per rassicurarsi con una carezza di Dio.

*Nuvole*

*Kelvin-Helmholtz*

Nel consueto mio spirar mite
tra l'azzurro del cielo, Dogoda
emigrante con violenza m'urtò.
E capriole furono tra inespressi
desideri; buchi allo stomaco
di mitragliatrici scarlatte; avviluppati
nel vortice aereo la mia bocca
la dea fatale dell'ovest baciò.

Seppur breve è stato intenso
sparisce l'intreccio in qualche minuto,
non sia visto dal lume degli umani:
che del ciel non san ch'invidiare il fumo
delle forme d'amore che i venti
alle nuvole ancora sanno dare.

***Icaro***

Sarei abbastanza maschio
se davanti a te mi sentissi libero
di piangere e stringerti
farti rimanere sempre con me
incapace di volare via;

o sarebbe meglio se incominciassi
a rimboccarmi le maniche,
ed essere Dedalo per un giorno
e Icaro allo stesso tempo,
per fuggire con la tua mano
dallo squallore alla luce
per rimanere scottato da tanto calore
e nella caduta sfidare il Sole:
«non brucerai mai più dell'amore»?

C'è una donna in quella luce,
con tenerezza mi guarda e pensa
"Quel piccolo uomo, ali di cera,
s'è creduto per sogno d'esser angelo".
Mi appare evidente, ora, perché non bruci:
non sei di questo mondo. Mai lo sei stata.

Ma per quanto le mie ali fossero deboli
e fasulle, le hai amate. Hai sperato,

dentro te stessa, che il Sole,
non m'avrebbe mai bruciato.

***Catrame***


Che sapore ti rimane,
nella bocca, Marta,
ora che la mia se n'è andata?
Scommetto di mare, dove t'ho lasciata.

Fuma Marta, fuma
aspira i ricordi
le emozioni, gli odori,
le passeggiate e le scopate;
ora butta tutto fuori.
Per quanto tu possa soffiare
rimarrà sempre catrame di vissuto:
è lui il vero bastardo
io sono libero come il fumo.

Morirai di ricordi Marta.

***Siam da buttar via***

Siam da buttar via,
ce lo ripetiamo spesso.
Chiusi in un cassonetto
insegneremo all'immondizia
che amare non è un rifiuto,
promesso.

# *Dietro la luce*

*di Franco Masu*

*Franco Masu* è nato a La Spezia ma risiede ad Alghero in provincia di Sassari. Ha pubblicato le raccolte: Sogni complicati (Book-Sprint 2016), Silenzi sottili (Aletti, 2018), Raggi di buio (Aletti, 2018), Peccate con gusto ma peccate (Carta e penna, 2019), Contaminazioni intime (Ediemme, 2020).
Alcuni componimenti sono inseriti in diverse antologie, tra le quali: Colori (Pagine Ed.), Auro Russo (Aletti Ed.), Quattro poeti da leggere (Carta e Penna Ed.), Delos (Ediemme Ed), Tracce (Pagine Ed.), Poesie d'amore (Penna d'autore Ed.), Emozioni (Accademia Barbanera Ed.), M'illumino d'immenso (Pagina Ed.).
Nel corso degli anni gli sono stati conferiti vari riconoscimenti, tra cui: "Premio Belli "(Roma), Premio "Amici di Ron" (Milano); Premio "I moti dell'anima" (Positano); Premio "E' viva la mamma" (Modica); Premio "Poesia dell'anno" (Quartu Sant'Elena-Ca); Premio "Libero Gamberale"(Avezzano).
I suoi versi sono pubblicati on-line e su diversi social.

*Serena*

come sei dentro
...tu
che di colori
intingi le tue intime emozioni
e mascheri
l'angoscia col sorriso
e con le mani
trasformi ciò che sogni
in arabeschi voli di farfalle
e non ti servon le parole
per raccontare
come sei dentro
...tu

## Coccole

non mi scopare
abbracciami
accetta i miei rifiuti
se sono stanca o stupida
rispetta i miei voleri
le cose son più belle
se sono desideri
sfogliamo insieme un libro
che parli dell'amore
una parola antica
che ha perso il suo valore
ma è proprio per comprendere
che a scacciar le bruttezze
non bastan le parole
ci voglion le carezze
sfiorarmi con la mano
non è una smanceria
mi serve il tuo calore
senza la tua ironia...

*Dietro la luce*


ed alla sera
saper che non si è soli
perché qualcuno tace ma ti pensa
rallegra il cuore e dal silenzio rumoroso
scivola una musica che ammalia di dolcezza
le note malinconiche
che avevano sedotto la tua mente

***In fuga***

lascio la porta schiusa
ad un'ala di brezza
al vento scalzo
piace
entrare quand'é sera
e poi spirar sull'onde
sogni di leggerezza
rapiti dal mio seno
a veleggiar tra i flutti
confusi tra le rime
della magia del mare
evasi dalle trame
di pensieri funesti
vermi di solitudine
che bacano la mente
ma la follia mi culla
mentre mi lascio andare

Il Terebinto Edizioni è una casa editrice indipendente fondata ad Avellino nel 2011 dal desiderio di preservare e di dare nuovo slancio alla ricerca storica, con particolare attenzione alla storia meridionale.

Grazie ai molti lettori che hanno sostenuto fin da subito, in edicola e in libreria, la nuova inizativa editoriale, il Terebinto ha sviluppato negli anni la sua attività aprendo il catalogo anche alla narrativa e alla poesia. A quest'ultima sono state dedicate diverse collane tra cui "Carmina Moderna" che ha fatto da volano per l'organizzazione dei concorsi nazionali "Riscontri Letterari" e "Riscontri Poetici".

*Per scoprire di più visita il sito*
**www.terebintoedizioni.it**

www.ingramcontent.com/pod-product-compliance
Lightning Source LLC
LaVergne TN
LVHW041500170726
843492LV00005B/1311